歡喜看生死

聖嚴法師／口述
李慧菊／採訪整理

〔推薦文〕

洞悉生死的智慧

鄭振煌

生死是必然的生命過程，在亙古的生死流轉中，無明與貪欲是不安與恐懼的主要原因，而不安與恐懼正是煩惱痛苦的來源。所以生死要能歡喜自在，先決條件就是對生死要有如實的認識，不加不減，還其本來面目，放下貪生怕死的執著。

聖嚴法師，當代高僧也。對佛法有精深的鑽研、對眾生懷抱無比的悲心，更能以現代思惟彰顯其善巧方便。在這本問答錄中，洞悉生死的智慧躍然紙上，也流露悲天憫人的聖者心境。溫柔敦厚，堅毅質樸，對生死眞相與生死解脫，做了最中肯的導引。

〔推薦文〕

面對生命的態度

余德慧

臺灣的危機之一是生命價值的不成熟，和缺少一種沉穩自恃的生命態度。閱讀聖嚴法師在本書的訪問稿，我發現最重要的並不是他有什麼宏論，而是顯示一種正確生命態度，而聖嚴法師所批判的正是臺灣貧乏的生活型態。臺灣生命價值的輕，乃是輕在無法對自己的生活型態產生判斷力，不懂得生活的諦念爲何，而用一種粗魯衝動的態度。

聖嚴法師以一個修行人的身分，告訴讀者如何從生到死，沉穩持重地奉行正確的生活型態，正是臺灣此時此刻相當需要的精神指引。

〔初版自序〕

生死之間

聖嚴法師

我生長在長江下游的農村，氣候的變化、江水的起落、農作物的豐收與否，幾乎主宰了我們的生活命脈，而我就從大自然中看到一些畢生難忘的情景。

有一次，我看到一條蛇正追捕一隻小青蛙。青蛙本能地奮力跳躍向前，以保性命。跳著跳著，不一會兒，小青蛙突然停了下來，轉身面向大蛇，竟然躍入蛇口，讓蛇一口吞下。我想不是所有的青蛙在同樣的處境下，都會有類似的反應；而這隻小青蛙卻在極端恐懼和絕望之下，放棄逃生的意志，做出自投蛇口，等於自殺般的行爲。

另一次，我三哥在河裡抓到一隻大肥蟹，得意萬分，正想抓回家大快朵頤，一失神，螃蟹的一隻螯著實地箝住三哥的手指。他痛得哇哇叫並立刻放開手，但那隻螯仍緊緊夾住手指；螃蟹落地之後，舉著僅存的一隻螯，快步跑入河中。我當時也只能眼睜睜看著牠逃走，不敢輕舉妄動，因爲牠還有另一隻螯。

我常用這兩則故事鼓勵人要懷抱希望，遇到再困難的絕境，都要向那隻懂得「壯士斷腕」的螃蟹學習；不要像愚癡的青蛙一般，自我放棄。用智慧處世，不輕言放棄生命的希望，是很重要的人生態度。

至於面對餘年有限的人，我則用一次騎腳踏車的經驗，希望他們能與死亡和睦、輕鬆地相處。

十年的軍旅生涯，自然有許多行軍操演的訓練；其中有段時間，我分派到一輛腳踏車，以騎車的方式行軍。有一回，我們又展開訓練，我騎著腳踏車走在保甲路上。所謂保甲路，就是棋盤交錯的田埂。路面窄狹，石子、坑洞遍布，不是很好走，而且路旁還有一條大水溝。

我走在一位較熟悉路徑的同袍後面，本來一路都還順利，但他突然回頭示警，叫我要小心，因爲旁邊的溝圳很深，摔下去可不得了。我先前對路旁的深溝不以爲意，聽他這麼一說，便好奇地看了一眼，接著人車不知怎麼地咚隆摔進深溝裡。那位同袍還對我大叫：「才叫你要小心的！」

了知生死則無憂無懼

其實，人一出生，死亡就跟著我們了。死亡，就像保甲路邊的溝圳一樣，隨時就在我們身邊；面對隨時會到臨的死神，我們要想著自己有永遠的過去，還要想著有永遠的未來，這是接受死亡最好的心理準備。如果我們能相信此生有過去，就能坦然接受，並因應此生的因緣；若能相信有未來，就能懷抱希望，邁步向前。反過來說，經常恐懼害怕死亡，於事無補。正如我特意去留意身旁的水溝，反而出事；不理會它，卻一路平安。所以，我常說，小心是有用的，擔心則沒有必要。

在生死之間的人生旅途中，許多人也可以從生活經驗、所見所聞中，汲取智慧，轉為人生的指南。對我個人而言，佛教的智慧和慈悲，一直是我攝取養分的源頭。我從年輕時即立志，終此一生奉獻於振興佛教，希望推動「人間佛教」，使佛教智慧融入現代人生活中，幫助人們除憂解困。

在數十年實踐理念的過程中，也許出於誤會、也許出於想法殊異，我曾經令一些人士失望過，而且不見得有機會澄清這些誤會。即使如此，我從不改變心志，依然秉持自己的信念，一步步耕耘，創立法鼓山，希望更多人能與佛法結緣，運用佛教智慧增益福慧，消弭煩惱。

如今我已年過七十歲，而臺灣社會仍有許多人對佛教及其他宗教認識不足，若不是誤解，就是一知半解。我在二〇〇〇年三月底應邀擔任一堂國家通識教育講座遠距教學的講師，到政治大學為十五所大學連網的學生談「宗教與人生」，課堂上有一位學生問我，佛教也和其他宗教一樣，崇拜一個神聖不可侵犯的對象嗎？我直截了當地回答他，佛教是無神論。因為佛是覺者，不是主宰一切的造物者；佛教更認為人人皆有佛性，甚至一切動物，都有成佛的可能。

事實上，人類自有社會以來，沒有一天離開過宗教；但在中國文化中，卻一直存在著反宗教的傾向，導致一般大眾不能認知宗教的情操，雖然多神型態的民間信仰非常普及，有其一定程度的安定力量，但卻不見得有益於人類生命品質的提昇。

在中國文化傳承中，儒家思想一直居於主流地位，對宗教的生死問題採取「存而不論」的態度；例如「未知生，焉知死」、「子不語怪力亂神」等，雖承認有生死鬼神，卻不去討論。因此，中國人一向對宗教是比較淡漠的。儒家重視的宗教，體現於祖先崇拜，基本上是孝道思想──慎終追遠的延續，所以只要「生，事之以禮；死，葬之以禮，祭之以禮」，就算功德圓滿，並不探究生從何來、死往何去、因何而生等生命問題。

這種思想醞釀出中國知識階層的人本主義泛神論哲學。知識分子都多以活著的人爲本，鑽研經世濟民實物；市井百姓及一般庶民，並無法從上層社會獲得宗教的指引；但在面對無常人生時，又的確需要宗教的安撫。於是是轉而投向民間信仰，一方面藉此獲得心靈寄託，二方面也爲祈求靈驗的經驗，助以解決現實困惑。因此，民間的中國人成爲多神論者，只要傳說出現了「有求必應」的靈物，任何對象都可以膜拜，包括生人及非人的動物、植物、礦物，均奉爲神明；對於宗教的義理，則泛泛地以爲「反正宗教都是勸人爲善」，不求甚解。他們並不知道，善是有層次及眞假的，不存害人之心，當然是善；但積極救人而不求回報爲終身的志業，才是上善。

學佛可以除憂解困

佛教進入中國以後，中國民間又多了一類崇拜的對象，將佛、菩薩、羅漢、天，混雜於傳說的精、靈、鬼、怪、神、仙之間，莫辨高下、不識深淺。這充分反映中國社會對宗教所抱持的籠統、曖昧不明的態度，所以通常被稱爲「滿天神佛」的迷信，求神拜佛者因而被視爲愚夫愚婦。

隋唐時代是佛教在中國歷史上的全盛期，但也僅盛行於知識分子階層的菁英，並未在一般社會發揮純化宗教的影響力，民間還是多神主義。我小時候就是在這種環境下熏陶長大的，雖然信奉觀世音菩薩，但也信奉關公、城隍、土地公，甚至狐大仙等，只要聽說靈驗的，都會膜拜祈求保佑。

在這種背景下，對於許多人來說，宗教便沾染著「急診」、「賄賂」的色彩。也由於對正信的宗教認識不深，進而衍生出一些對宗教奇特而有趣的看法。比方說，親友間要是有人信教成爲教友，就會有人勸他，信是可以啦，但不要太「迷」了；話裡的涵義無非認爲，若是深入宗教之後，便會使人沉淪，以致迷失自己的責任、「正常」生活等等。從這個觀點看來，中國文化孕育而成的社會，實質上是反宗教的，雖然它不像其他主張一神論的社會那樣具有排他性，卻傾向不深切理解宗教，淺嘗即止；認爲毋須在宗教的信仰實踐中，付出太多的時間去關心他人和陶冶自己。

而所謂「淺嘗即止」式的宗教行爲，在台灣民間很普遍。例如遇上心理不平衡、或有罪惡感的時候，或者爲求治病、經商順利、及第掄元，就到某處聽說很靈的神壇、宮廟許願祈求，事成再來還願，從此之後銀貨兩訖，互不相干。下次又發生問題，再去廟裡找解藥，但這一次不見得要去上一次拜過的神廟。

這種習性是有點不健康，若是繼續發展下去，到了某種程度，恐怕連善惡也不易分明了。臺灣的色情行業祭拜豬八戒，因爲小說裡的豬八戒好色，希望他能帶來嫖客；還有一些六合彩的主持人奉祀三太子或孫悟空，也是基於類似的理由。這些人祭奉一些根本只存在於虛構小說中的人物，很值得商榷；更何況這樣的目的對社會整體利益而言，弊多於利。這就是傳統中國文化對宗教「存而不論」的見解，所遺留下來的負面因素。

在這種情況下，佛教在中國歷史上興衰不定，有君王尚佛，也有君王滅佛；但兩千多年來，佛教仍不停綻放智慧的蓮花，並未從中土消失，它依舊是人在應對生死困頓時，最佳的解脫法門。

生而爲人，不管在自處或應對進退之際，總會有煩惱。我認識一位教授，平日形象非常好，認識的人都形容他是一位彬彬有禮、溫和謙恭的人。但是，他偶爾會在夜深人靜時推開窗子，對著外面的一棵大樹破口大罵，有時還指名道姓地批評一番，過了個把鐘頭，又嘆口氣對著樹說：「好吧，這次就原諒你了。」曾經幾次被不同的人看見，他們不會當場點破，免得這位教授無法面對自己；其實這都是他平日壓抑情緒的結果，當壓抑過度時，就會藉此來發洩，以取得平衡。

佛教的教法，即在幫助人發現這種隱藏在內心深處的煩惱，進而面對這些煩惱，然後用方法消融它；並且體悟煩惱的源頭，是在於執著一個「我」，而這個「我」又被貪、瞋、癡等無明覆蓋，不得清淨。所以今生的大功課，是要「以他爲我」，處處爲別人著想，如此才能化熱惱爲清涼，化愚癡爲智慧，化痛苦爲喜悅。

我相信每個人不管才智如何、資財如何、健康如何，都會希望自己是個快樂而有用的人。若能時時處處懷抱著「以他爲我」的精神，那麼不論這種人在現實社會上是否享有名利、榮耀、權力，他都會是個很快樂、很有用，又不恐懼死亡的人。

〔新版序〕

修練自己，成就他人

李慧菊

大家都知道，瑞士是個盡善盡美的國家，生在這裡以及死在這裡，都是件棒透了的事情；但是，中間這一段，你眞的不知道該做什麼好。

這是流傳很久的笑話，人就是這樣，當國家、社會、制度和文化在世間已臻完美的時候，個人似乎反而失去前進的原動力。這是一般人對這則極富諷刺意味的「寓言」的解釋。

不過，對佛教徒而言，其實可以有完全不同的看法，因爲我們相信今生之後尚有無數來世，此身之外，更重要的是尚有千千萬萬的他人。生死是大事，在生死之間的這一段人生旅程，更是大事。

中國人一向忌諱談死，我們比西方人還怕死，恐懼那個未知的世界；

但如果能知道那是怎麼一回事，也許對我們生前死後都助益匪淺。

「人生的意義究竟是什麼？」

「修練自己，成就他人。」

這本訪談錄，記載了人生不同階段該如何著力自修，命數是否天定，死亡前後該如何自處等等。在數個月的訪談中，我實在驚訝於聖嚴法師談吐之餘的氣定神閒，永遠單刀直入，他講出來的話，其實不需要整理，已經是一篇好文章。

言教的確不如身教，相較於法師的自在，我的畢恭畢敬，應該是太過了。法師彷彿察覺，在我們最後一次訪談即將結束時，他說：「你可不要信得太迷了啊。」

即使是信仰，也不該執著到「迷」；對生死，何嘗不是？

〔緣起〕

我對生死有了信念

李慧菊

我在模擬死亡。

那一年我好像才七、八歲。有一天晚上，大人要打麻將，七點不到就把我們幾個小蘿蔔頭趕上床，免得我們受到「精神汙染」。

哪睡得著，看著滲水而暈出各種圖案的天花板，腦海裡一邊想像這些褐黃色的圈圈塊塊是怪物，一邊自己跟自己講故事。不要！都玩膩了。

百般無聊之下，我突然想假裝自己正在死掉，這一定很好玩。於是我閉上眼睛，把手腳乖乖放直，暫時停止呼吸，最後試著停止一切念頭，叫自己什麼也不要想，甚至不要去感覺自己的感覺……。

當我再打開眼睛，拚命呼吸時，心裡非常害怕，並不是怕死，而是恐懼無知覺的虛無狀態。人死了會往哪裡去呢？如果就這樣什麼都沒有了，那麼，這種完全喪失感覺、思想的狀態，非常非常令我不安。

但是我沒有把這件事告訴任何人，在後來三十年的歲月中，我也曾經參加過幾次親人的喪禮；親人的逝去，讓我無助、懷念、掉眼淚，但卻都不像小時候的遊戲那般讓我害怕。

直到那個凌晨，死亡與恐怖又再重現。

當地震突如其來的時候，兩個孩子睡在我身邊。我被搖醒之後，心驚地發現停電了，怎麼震得這麼厲害；還在搖動，該不該叫醒孩子呢？來得及嗎？

我看著熟睡的孩子，結果什麼也沒做，只是本能地張開雙手，壓住孩子，其實只是在安慰自己。

「九二一」成了臺灣的忌日，在災區的、不在災區的，同感震動；我恐懼自己的無能，恐懼當時也許發生在我們身上的一百個「如果」，恐懼一切都不敢想像。

有一次，找朋友聊天，她也嘆口氣：「對呀，如果妳所有的一切，在短短幾分鐘內突然消失了，那生命的意義在哪裡？」

我想對她講點話，可是也說不出什麼她不知道的大道理，而其他安慰的詞藻，又好像是多餘的；心裡覺得有點尷尬。不過，她的那句話，讓我久久不能淡忘。

在那段時間，經常聽到聖嚴法師的話，和一張公益廣告照片。照片中，他雙手合十彎身禮敬，這張照片給我一股安詳、感恩的力量。聖嚴法師說：「罹難者都是菩薩。」他還曾在訪問中對亡者說：「人間種種的苦難，本來就逃不掉、躲不掉的，但在地震發生的那一刻，我只盼望你們沒有受太多的苦。……我知道你們必定會不捨，……你們一定也看到生者的淚與悲，但是意外畢竟發生了，你們捨不得的肉身也要捨，放不下的肉身也要放；唯有能捨、能放，生者和亡者才能繼續走未來的路……。」

我從這些話得到啓示，基於記者的傳播本能，我起了一個念頭，企畫一系列的問題，提議由聖嚴法師開示生死大事。他慈悲地接受了。

二〇〇〇年初開始，我到農禪寺採訪法師，前後共有八次。每次去採訪之前，總要把問題反覆想一想；離開時，也總要把法師的開示反覆想一想。雖然沒有想出什麼大學問，可是我知道，哪天當我眞的面臨死亡的時候，也許還是會害怕，但我不會迷惘，因爲我對生死已有了信念。

目錄

第一章

師父，您快樂嗎？

人生是個不斷變化的過程，人不可能天天快樂，也不會天天不快樂；只要明白自己的立場、確定人生方向，快不快樂，無非過程，並非究竟。

問：臺灣社會十多年來變化很大。在過去戒嚴時代的教育、制約的氣氛下，比較「憂國憂民」；解嚴後，意識型態包袱輕了，社會多元化發展，很多人開始覺得活著就是要快樂；不管是追求聲名成就、財富健康，最後目的就是要快樂。愈年輕的人，愈是如此，對快樂的追尋，因此變成生命中很重要的事。

答：人既有生命，那麼運用生命、享受生命，就是很自然的事。至於為什麼有生命？生命價值在哪裡？一般人通常並不去思考。

既然追求快樂，過程就變得很有意義。有的人求名，享受掌聲，但如果過程不紮實，沽名釣譽，虛晃一招，成名可能只是短暫的；聲名消退之後，就會因落寞的情懷而感到痛苦，當然也有人是實至名歸。財富這件事也相同，追求財富的快樂、過程和運用之間，都需要智慧來應對得失的局面。

追求快樂是有代價的，只是在追逐中的人，大多認為這個代價值得，很有意義，不以為苦。人的心裡總有各種的不滿足，於是就需要向外追求，以填補那個不滿足的坑洞。其實何止是聲名成就、財富、長壽、子孫滿堂、兒孫繞膝，就連愛情也不是青年的專利；有人一輩子追尋「眞愛」，即使年逾花甲，還在期待愛情。所以，有人在追尋快樂時重視結果，但也有人享受過程，就算得不到也快樂。

觀看大眾的種種，不難發現，快樂的感受是很主觀的；而在這當中，很少人知道生命眞正的意義。

快樂是過程而非究竟

問：身為宗教家，對生命自有看法，那麼，法師，您快樂嗎？

答：我沒有辦法用一句話來回答我很快樂或我不快樂，因為這對我來說，並不成問題。我的宗教、思想告訴我，人生是個不斷變化的過程，人不可能天天快樂，也不會天天不快樂；只要明白自己的立場、確定人生方向，快不快樂，無非過程，並非究竟。

問：所以，您生活上不會起強烈的感覺？

答：但我也不是麻木不仁。年輕時跟大多數人一樣，過年過節有吃有玩，覺得快樂；上佛學院讀書時，覺得準備考試很辛苦，考完了會感到快樂。但是現在不再如此。我不會因爲得到一樣東西而高興，甚至興奮；甚至不覺得曾經完成了什麼事，因爲以佛教徒的修習目標而言，我還在過程中；但也沒有什麼事是沒有完成的，所以也不會有什麼不快樂。

所謂完成、不完成是相對的，質、量與時間（也就是過程），是變數。從不同的質、量和時間的角度去衡量，就有不同的結果；你可以說它已經完成了，也可以說它永遠都不會完成。以我的信仰而言，達到成佛，獲得大解脫，那才是究竟的快樂。其餘的階段，都不會是眞正的完成，但卻是在完成的過程裡。

問：根據法師所著的《歸程》及《聖嚴法師學思歷程》二書得知，法師家境貧困，自小體弱，又遇到中日戰爭的動盪時代，您個人的成長經驗是如何轉化這些挫折和困境？

答：我六歲才開始會走路、說話，九歲才上私塾，也是從「上大人，孔乙己」開始學起，但家裡窮，讀讀停停，也曾跟父兄做童工。

我並不是少有大志，遇到大環境波折不斷，當時也不明白原因何在，也沒有解決的辦法，心裡很無奈。但現實既是如此，只有接受了。

眞正讓我確定人生方向、獲得信心，是個人的一次宗教經驗。我十四歲出家，奇怪的是，從前念私塾、上小學時，我整部《論語》、《中庸》等古籍都背得來；做了沙彌，卻對經文沒輒，總覺得腦袋像一團漿糊，很難記誦，師父見狀，要我拜觀世音菩薩。

從此，每天清晨四點就起床禮拜五百次，約二、三個小時，當時一點也不覺得累，還感覺很輕鬆。這樣過了三個月，突然間，我感到腦筋清明了。那一年，我十四歲，當下很快樂，也知道佛法的好處，於是立志一生向佛、弘揚佛法。雖然過程很艱辛，但一點也不覺得苦。

快樂來自自心

問：對於沒有宗教信仰的人，如何能有源源不斷的快樂呢？

答：當然，追求快樂和滿足是自然的事，否則生命好像失去意義；我認爲一般人要得到快樂，應該來自自己對自己的滿意，要由自己的內心湧出快樂的泉水來。但太多人把自己的快樂建築在別人身上。所以，要自己對自己滿意也不容易，必須是會思考、有思想的人才能覺得問心無愧。但大多數人對自己的評價很依賴親友對他的看法，常常因爲別人的眼光、別人的評價而心情起伏、患得患失，產生很多的煩惱。

我認識一個婦人，早年離婚，辛辛苦苦把兩個孩子撫養長大；當時，兩個孩子很乖巧會對母親說：「媽媽好辛苦，是爸爸不好，我們討厭他。我們永遠愛媽媽，將來長大了，一定孝敬您。」

但是等到老大二十一歲已離家獨立，小的十八歲也準備自立了。這兩個男孩和母親的關係雖不至於反目成仇，但也疏遠了，偶爾還說出讓母親心痛的話：「像妳這樣的女人，難怪爸爸要離開妳。」

十多年過去了，換來這句話。這位母親來見我，她不明白孩子怎麼會變成這樣子。她一直無微不至地照顧兒子，難道錯了嗎？我告訴她：「妳確實錯了，錯在那『無微不至』地照顧。現在孩子長大了，談戀愛、交朋友，需要有自己的天地，不要妳管那麼多，妳再凡事插手干涉，他們自然會討厭妳，甚至變成仇人。」

所以，我常對上了年紀的人說，老了，要少念兒孫多念佛。孩子長大就要讓他出去闖闖，即使頭破血流也讓他去試；他們回來求助，就伸出援手，不回來也無須掛心。

另一個例子也很有趣。一對老夫婦事業有成、感情和睦，後來移民美國，三個孩子也有相當成就，一個是會計師、一個是律師，還有一個是醫師。這樣的家庭不是人人稱羡嗎？有一天，這對老夫妻到美國的道場來見我，我就知道他們不快樂，因爲通常覺得快樂的人，如果尚未學佛，很少會到道場來。

他們的不快樂，是因爲孩子在他們生日時沒有回來祝賀，連一通電話也沒打，好像彼此約好一樣，他們覺得被孩子冷落了。

於是我問他們：

「孩子沒打電話回來，你們的生日就沒過了嗎？」

「也過啊，可是感到很失望。」

「那你們有飯吃、有房子住、有錢花嗎？」

「有啊！」

「那你們還缺什麼？」

「缺孩子的孝順。」

「你們三個孩子在人前對你們的態度如何？」

「他們表現得很好。」

「那就夠了吧！你們在家衣食無缺；在外人人稱羨、面子十足，該滿足了吧！」

就像前述兩個故事一樣，大多數人在青壯年時，把生命全寄託在家庭、事業上；年老時，又寄託在兒孫身上，都將自己寄託在外在的人事上，這樣就很難得到大幸福、大快樂。

問：難道要割捨一切，才知道自己是否真快樂？

答：不是，是要爲他人設想，考慮每個人都處在不同的時、空與過程裡。像那對移民美國的老夫婦應該想到，三個孩子的工作壓力其實很大，他們忙於事業、家庭，不也跟自己年輕時一樣嗎？只是目前大家都處在人生「過程」中的不同階段罷了。

問：是否只要常為他人設想，自己和別人都可以感受到快樂？

答：也不是，換一個時、空爲人設身處地著想，是幫助自己解開困局，擴大心胸，至於別人能不能因此而快樂，還得看因緣。

這麼多年來，我受恩於許多人，但我沒有辦法集所有的力量來報恩，甚至還讓恩人受委屈。譬如早先是很熟的朋友，後來因爲主、客觀環境的變化而疏遠，他們有他們的想法、作法，我也有我自己的路要走，不能順著他們的方向，自然無法滿足他們對我的期望，於是他們就感到失望了。

遇到這樣的情境，我是無力處理的，因爲因緣際遇人人不同。因此，我在面對學生、弟子時，就會學習設身處地，轉個念頭看事情。在我的弟子中，有好幾個年紀輕輕就過世，也有還俗結婚；更有自立門戶，甚至成爲基督教徒的。但我不會因爲他們的作爲而不快樂，他們有自己的思想、行爲，不順我心、不如我意是很正常的，我自己不也是這樣讓一些人不快樂嗎？

還有一些離我而去自立教派的學生，在外公開批評我，寄書給我看。我了解他們的想法，但要我改變，跟著他們的方向走，當然不可能。這麼多年來，我始終走同一條路，他們有不同的思考，要走別的路，我只有祝福他們。老話一句，「因緣不同」嘛，只要他們快樂就好，爲什麼一定要讓我快樂才行呢？這是沒道理的。

至於那些成爲基督教徒的人批評我，更是自然，因爲他們現在的立場與佛教已截然不同，當然會批評我，這也沒什麼好生氣。

以慈悲和智慧轉化悲傷

問：遇到像九二一地震這麼大的、具毀滅性的挫折，人還可能再度快樂嗎？要怎麼轉念呢？其實有一些人即使沒有直接蒙受災難，但看到成千上萬的同胞，在短短幾分鐘內，失去家人和財物，心裡都極受震撼，覺得人生很脆弱。

答：的確如此。我幾次帶著贖罪的心情到震災現場，看到受災民眾真正的哀痛。他們個個都麻木了，臉上沒有一點表情，也不會嚎啕大哭。這種記憶令人很難忘掉。當時我在接受記者採訪曾提過，小時候見過長江大水患和戰亂的悲慘畫面，偶爾還會浮現腦海，還能感覺當時的恐怖，剛經歷如此大天災的人，又怎能輕易忘卻？

恐怖的記憶雖然無法磨滅，但可以昇華，我們可以藉慈悲心和轉念的智慧讓悲傷昇華。我猜想，不僅是親受九二一震災之痛的人，甚至遭遇別種不幸的人，最難釋懷、最難打開的心結就是：爲什麼發生在我身上？爲什麼一定是我呢？

地震發生後，我聽到一些佛教徒說，那是他們自己過去造的惡因，所以受此惡報。我不會這樣說，我告訴大家，這些受難的人都是菩薩，他們是替所有臺灣人受難，因爲任何因果都有它的時空背景等環境上的條件。我也曾對媒體說過，就好比丟石頭到水裡會產生漣漪，但那個漣漪會怎麼波動、怎麼形成和消失，都和當時的水流、地形、水的深度有關，彼此影響、互相作用，不僅只靠那塊石頭和水而已。

臺灣本來就處在地震帶，發生強震是遲早的事。如果眞要說因果，那是整個臺灣社會累積所成。在九二一罹難的人，是替兩千兩百萬人受罪，所以稱他們是菩薩；而活著的人，不管在哪裡，都應心存感恩。

問：轉念容易做到嗎？

答：其實也不會太難。如果自己想不開，轉不過來，就把心胸敞開，借別人的智慧和經驗，多讀、多聽、多想。

南部有一位老先生因爲讀法鼓文化出版的一本書，書中有一個人處境很像他，很快就想開了。這位老先生當了一輩子警察，一直陞不了官，到退休還只是個基層警員，省吃儉用讓女兒到美國完成博士學位。有一年女兒回臺灣，這位警察爸爸帶她來看我，我讚歎這位父親的辛勞，很會培育子女，但他很謙虛也不居功，都說是孩子自己努力所成。而這個女兒竟回答說：「對呀，爸爸又不懂我的功課，幫不上忙，是我自己努力讀書，領取獎學金而完成學業的。」

我聽了心裡很生氣，這個孩子難道沒有想過，起碼父親還讓她念書，沒叫她早早去工作賺錢。我當時氣得眞想把她的頭扭下來。

問：哦，師父也會生氣呀！

答：是啊，只是不會把它放在心上，也不會眞的扭斷她的頭。

第二章

生命的意義

生命的意義何在？不斷地學習、奉獻；使自己成長，並成就他人。

問：多年前在為禪七開示時，法師曾經說過一個故事，以闡釋生命的本質。這個故事提到有一個人在曠野中旅行，被一群強盜追逐，倉皇無依。忽見有一口枯井，井邊有一條老藤，於是立刻攀住老藤下井。這時候井口來了兩隻黑白老鼠嚙咬著老藤。而在井四周又有四條毒蛇對著他吐信，井底也有一條毒龍。他一邊害怕毒龍、毒蛇的侵襲，一邊又擔心老藤會被老鼠咬斷。突然他抬頭一看，正好有蜜蜂在老藤上下蜜，竟忘了自身的危險，伸舌舔蜜。老藤一搖動，蜜蜂就飛下來螫人。此時又有野火來燃燒老藤。故事中的曠野比喻無明長夜曠遠，此人喻眾生，強盜喻無常，井喻生死，老藤喻命，黑白二鼠喻晝夜，二鼠嚙老藤者，比喻人的念頭剎那生滅，四毒蛇喻「四大」，蜜喻五欲，蜂喻邪思，火喻老病，毒龍喻死。

法師說這故事，就是說明人生的事實，危機重重，給人的感覺有點消極，覺得人生很苦。難道生命的本質就是如此嗎？

無常無我

答：那是事實，不是消極。佛教說四大無常、五蘊非我，能了解這點，從人生的痛苦中解脫，就能體會眞正的樂。四大無常、五蘊非我，這是事實；也正因爲無常，更要珍惜，從無常當中得到積極的啓示，所以「無常」一點也不消極。

佛教說人身難得，生命是非常珍貴的，而人身的組成，就是由四大而來。所謂四大，是指地、水、火、風。地是礦物質，水是液體，火是熱量、體能，而風是呼吸、循環系統。這四個因子相互影響、互相作用，少了一樣，生命的現象就不完整。例如液體的流動（水大），要靠呼吸循環系統（風大）和熱量、體能（火大），而能量則蘊藏在礦物質裡（地大）。這四大如果能調順，生命是活潑有力的，四大不調就容易得病；四大若分解，人就會死亡。人的存在就在四大之中。

四大無常的意思，指明它因因緣和合，而有生命生成。但終歸要衰退、分解、離散。人的一生往往追求四大的協調和順暢，使生命現象茁壯精益；其實，生命高峰期的階段很短。由人的成長歷程看來，五歲之前，懵懂無知；大概要過了五歲，才知道有個體的我，開始慢慢學習；十歲左右學習速度加快，這段學校教育的學習過程，大約要到二十歲左右，有的人更晚。但即使畢業進入社會，也無法馬上貢獻所學所能，還是得在職場中學習、適應一段時間，眞正熟練工作都得到二十五歲。

聯合國一般以六十五歲爲退休年齡，現在雖可往後延，也不會超過七十歲，就算能延到七十歲；算算看，人生最精華的時期，不過四十五年，這是非常短的。就在這四十多年間，通常是成家、立業、照顧高堂及幼兒的忙碌階段。

在這段忙碌期間，許多人尚不察覺體力、精神和時間有多珍貴和短暫，還要放逸、懈怠、浪費。像狂賭濫嫖、縱情酒色之徒，年輕時，以爲再多的伴侶也應付得來，但中年之後，身體就會告訴他，已被他透支了。

就是一般人，年輕時或許自認精力用不完，但體能消耗之快，往往超乎預期。

法鼓山有位悅眾菩薩（義工幹部），是個退休的中學老師。他五十歲到法鼓山，非常精進，上山下海，活力充沛。前些時候我想另外交給他一項重要任務，這位六十多歲的老師說：「師父啊，不是我不想接，是身體不行了，要是接下這個任務，恐怕我要死得早一點。」原來兩年前他得了高血壓，血壓常高到一百九十，白天若有事情沒完成，晚上就睡不著，影響第二天的精神。短短十年，精力差很多。

而我是一向體弱多病，可是我的心力很強，遇到困難不會退縮、放棄。我曾想，到死為止，我的身體再怎麼病，以我的心力還是可以叫它動起來。

我五十五歲時曾感染濾過性病毒（帶狀皰疹），病情相當嚴重，痛得沒辦法入睡，這樣持續了一個多星期，到榮總診治病情才好轉。病癒後，體能再也不如從前，不過，我自知心力還可以，於是六十歲那年開創了法鼓山。

一九九九年（七十歲）春天，我因牙疾就醫，醫生在執行根管治療時，使用消毒藥劑不小心，把我的舌頭燙掉一層皮。糟糕的是，傷口在側邊，吃飯、講話都會磨到牙齒，其痛無比。我又因白血球數量過低，免疫力不好，醫生不准我吃抗生素，三個星期傷口才癒合，多吃了些苦頭。俗話說，英雄就怕病來磨，何況我又不是英雄，精神、體力又耗掉一回。年紀大了，就是不能病，體力消耗了就回不來。

所以，人的體能旺盛時間很短，能量有限，要好好運用及珍惜。正因四大無常，更應警惕；人的生命隨時會結束，不是只有老病而死，什麼時候死、怎麼死都不知道，沒有定數。難怪有人形容人生的短暫像沙漠的植物，一遇雨水，很快就發芽長出地面，開出五彩鮮豔的花朵；然後花謝了結子，水分耗盡，母體就枯萎而死了。中國人也用石火光影形容短暫的人生，猶如兩石相擊，迸出火花、照射的影子，一閃而過。

在宇宙無窮的時間裡，人的生命眞是短得有如瞬間。若能夠懂得珍愛利用，則此生雖短，其價值的延伸是無窮的；如果浪費、糟蹋，不但此生短暫，對未來也沒有價值可言。人總是需要在努力中獲得對於未來的希望和快樂。

佛教又說五蘊非我，這五蘊指的是色、受、想、行、識，是人的生理、心理及精神的全部。

色講的是所有的物質，也就是四大。人的身體是由地、水、火、風四大組合，擴大來說，地球是我們共同的大身體，而這個大身體也是由四大所合成，它存在於無限的宇宙之中，與遠大的宇宙對比之下，地球的壽命也算是短暫的，所以地球也是無常的。

受是感受、覺受，是心理作用。

想是思惟，當你有感受之後，大腦就會開始作用，有了思惟。

行是行動、作爲。有了思想、想法，人自然根據這些主意起反應，去做一些事情。

識有兩種功能，一是認知性的、辨別的；另一種是持續的作用，讓人的前一念到下一念，念念相續，形成綿綿不絕的念，也就是一般說的心。

色蘊（四大）強調人體的形成，其餘四蘊則指出，生命現象中，心理和精神功能的重要。色、受、想、行、識，少了其中一項功能，生命也就不完整。例如得了失憶、失智症的人或是植物人，四大雖在，五蘊則已不全，這就不是正常、完整的生命現象。

放下執著

五蘊非我的意義是說，人的生命現象是由五蘊構成，離開五蘊，根本沒有一個「我」的實體存在。人若能悟到五蘊非我，就能解脫成聖人了。

「五蘊非我」不是對事物、環境沒有感覺和反應，也不是完全否定人的心理、精神作用，而是放下自我的執著中心，不以自我爲認知、判斷的中心。例如有人罵你，是他在罵，你這個人並沒有挨罵，因爲他罵的其實是你的五蘊。也許是你的言語、行爲（行），或者哪根筋不對了（想），惹人家有此激烈反應。那麼自己反省一下，如果自己沒錯，就不用生氣了；如果說錯、做錯，那下次叫自己的五蘊別犯錯就好了。如果你也跟著生氣，想罵回去，那麼你又犯了雙重的錯了。

五蘊非我，不是否定自我，而是不執著一個「我」——一個固定的、絕對的形式或準則。大凡世界上所有的宗教，都有一個絕對的眞理、最高的信念，但佛教沒有。所以，佛法無定法，一切都是相對的。佛教說人要有正念，正念是沒有偏見，什麼是沒有偏見？這也因人而異、因時而異。

幾年前有個人，非常疼狗。有一天，他抱著狗來寺裡，見到我就說：「師父啊，你看，我這隻狗多乖多可愛啊。」我就先摸摸牠，主人一定要我抱牠，我就抱了起來，而且一邊對牠說：「好可愛呀，你一定有善根，要多念阿彌陀佛啊！」

其實，我摸那隻小狗，等於摸牠主人的心，我讚歎牠，等於讚歎牠的主人。

後來，有個信徒抱了一隻狗來，說要送我。我告訴他：「寺院裡的出家人是不准養寵物的，這是戒規。」

「師父，因爲您喜歡狗啊，您不可以裝啊，我上次看到您抱狗，很喜歡的樣子，人要眞心啊，您怎麼變來變去。我不相信您不喜歡狗，這隻狗您收下吧！」

「阿彌陀佛。上次我那麼做，是爲了度那個抱著狗來看我的人啊。」

又譬如，有一對夫婦帶著他們三歲的孩子來見我，我也不看那兩個大人，而是先跟小朋友打招呼，跟他玩一會兒，稱讚他健康乖巧；然後跟他爸媽說，這孩子眞好，要教他念佛、拜佛。這樣做是希望他們全家能跟佛結好緣，孩子都是父母的心肝，要他念佛、拜佛，等於也鼓勵大人念佛、拜佛。從這兩件事，要說我是愛狗、愛小孩，那是錯的；但若要說我討厭狗、討厭小朋友，那也是錯的。

五蘊非我，是不以自己看到的我爲我，要以他爲我；如果不斷地以「我」爲出發點，以「我」代替他、以「我」來要求他、以「我」責備他，這是強烈的自我中心在作怪，當然就不是「無我」了；而且這個「我」還很大呢，更是個煩惱的我。這種「我」先是傷害人，然後反過來傷害自己。

然而，以他為我，這個「他」是沒有特定對象的。有些父母會說：「我做的一切都是為了兒女，在我生命中，子女是最重要，只要他們好就好，我自己無所謂。」這樣的父母是以子女為我，所以也並非「無我」。

「以他為我」的「他」，不是指特定的某人或一群人，也沒有固定的形式，連觀念上也不局限任何層次、種類。所以我學習著跟什麼人都談得來，人家談運動，我也談；談藝術，我也聊；就是賭博，我也談。這不是因為我喜歡運動、藝術、賭博，而是因為對方喜歡。談著談著，只要轉個彎，就可以與佛法相通。如此，我弘揚佛法、利益人間的目的就達到了。

問：佛法和賭博怎麼相通？

答：哪樣事物不是在賭博？生命本身就是一樁大賭博，隨時都在下賭注，但高明的賭徒不會盲目地孤注一擲，總要有了五成以上的把握，才會放手一搏。企業家、政治人物也在賭，只不過用的不是紙牌、骰子。我也是在下賭，因爲我的弘化工作，沒有一件事我敢說一定能百分之百完成；事情要圓滿，除了個人的條件、努力，也得有其他因緣的促成。像我們要辦一場露天的弘化活動，預估五萬人來，準備的工夫需達半年到一年，要投入許多的人力、物力。活動當天要是遇到狂風暴雨怎麼辦？對於天候，無人能夠掌控，這事要做，但同時也擔著風險，所以我也在賭。

人生中許多重大的決定，例如念什麼科系、入什麼行、和誰結婚、要不要買房子等等，都是賭博，都有得失。而佛法中教導我們坦然面對因緣、面對無常的智慧，可以讓我們在人生賭局中離苦得樂。

問：法師先前提到人身難得，這是為什麼？

答：不是有句話說，百鳥在林……？

問：不如一鳥在手。

答：（擊掌）對呀！很多人說「將來」要做這個、做那個，我此生的理想做不到，來世再做。其實那眞是做大夢啊！現在得到這個生命很珍貴，此生之後的下一次，能不能再有這個身體，你有把握嗎？這是完全不知道的，所以說人身難得。

問：如果我是一隻鳥、一條魚、一隻狗，我的生命也很難得。

答：沒錯，但是牠們沒有學習知識的能力、沒有奉獻所學的能力；牠們只能自然地生與死，最多奉獻自己的肉給其他的動物吃，或者只能爲人看門、陪人玩耍。

我曾遇見一個認爲做工很辛苦的年輕人，看到旁邊一隻狗在玩，他說好羨慕那條狗，不必工作就有飯吃，不像他那麼辛苦，所以下輩子他想要當狗。

問：對，很多人在受苦痛折磨時，情緒低落，都會脫口而出說：「下輩子不做人了，做隻鳥呀、螞蟻好了。」

答：（點頭）我告訴這個年輕人，當狗是好，但是如果你不喜歡這個工作，你可以離開，可以選擇別的工作，或者再進修；不過這條狗就沒得選擇，你還願意當狗嗎？他想想，就說不要了。

身爲人是可貴的，現代人更可貴，因爲現代社會漸漸民主化、自由化，這是趨勢，各國皆然，不像過去的祖先常受政治及強權的壓迫；即使在不太民主的地方，只要你有才能、有智慧，一樣會受尊敬。只要學習能力強、貢獻多，抱持著「以他爲我」的態度，你跟全世界的人就是結合在一起；因爲你的付出所發散的能量，會影響全世界所有人，儘管他們不知道你的名字。「無我」是智慧的，帶給人正面的影響；「有我」是煩惱的，從有我出發做出來的事、說出來的話，雖然不一定全都會造成負面的影響，但往往好壞夾雜，不一而足。

成長自己，成就他人

問：從這個觀點，您認為生命的意義何在？

答：不斷地學習、奉獻；使自己成長，並成就他人。

問：「成就他人」的內涵是什麼？要做到什麼地步才算成就了他人？

答：我們的著力點，離不開時、空兩個因素。空間是我們身處的大環境，而時間上，也離不開過去和未來。由這兩個因素觀察，人不是孤立的；只有單獨個體存在時，不但不會進步，而且危險。不要以爲只有一個人，就能享有最大的自由，殊不知危機很可能從四面八方潛湧而來。許多動物、昆蟲都是群居的，道理如此。

其實，我們貢獻他人的時候，獲利最多的往往是自己，這好比身陷危境時你只求自救，就算安全了，卻不知前面還有什麼危險正等著你，以你一人之力，難以應付這些潛藏的危機；但如果你自救之後，再去救了一群人脫險，縱然危機四伏，靠著眾人的智慧和力量便能應付，自己也能得到眞正的安全。

在實踐上觀察，有些人行事散漫馬虎，覺得小小的錯誤，無傷大雅，也不見得須爲此負責。但是，久而久之，這種不負責任的態度，便會在意識中形成很不好的慣性。一旦如此，這種人生會愈走愈辛苦。反之，多做自利利人的事，負起責任，不斷自我訓練再訓練，也會練就好的慣性，那麼這種人的生命去向便與前者截然不同。所以說要不斷鍛鍊自己、成長自己；至於貢獻，事無大小，盡力而爲就是了。因而「成就他人」是無法表列、明定規格的；心裡常想著幫助他人，就是對自我成長的良好訓練，也就能夠成就他人。

問：法師剛提到「以他為我」的重要，這令我想起一則故事。從前有位法師，他也說過要隨順眾生，有人要他站，他就站；有人要他坐，他就坐。雖然這位法師只是舉例，但是對一般人而言，也許一方面難以想像把「我」全部放掉，是什麼樣的境界；二方面社會環境日益多元及複雜，可能有些時候，「他」方會彼此衝突、矛盾。譬如父母、子女、兄弟姊妹和朋友之間的意見、期望不相同，那該怎麼辦？若以那位法師的例子來說，要是同時間，有一個人要他站、有一個人要他坐，他到底該站，還是坐呢？

答：隨順眾生的意思不是隨波逐流，也不等於沒有原則地盲目服從，而是要以智慧及慈悲的尺度來權衡輕重。凡是有益於己也有助於人的，那就可以照著對方的吩咐去做；凡是有益於人而無損於己的，都當從善如流；凡是有大益於人而有小損於己的，也當全力以赴；凡是無益於己又無益於人的，當然不能照辦了。如果遇到不講理的人，他叫你站而你不站，就會立即受到傷害，你最好不用逞強，還是學著那位出家人的忍辱行吧！

問：這一、二十年間，受到各種因素的刺激，臺灣社會變化很大，許多價值觀正在解構、重組，各種意見、觀點紛陳。其中有一種人生態度在年輕人身上廣為流行，就是愛自己多一點、對自己好一點。這大概是他們認為的「健康的自私」吧！因為把自己弄好了，條件比較好了，才可以付出；否則每個人體力、財力、能力、資源都有限，如果什麼都只為別人，可能到最後透支了，自己先垮了。這種看法跟「五蘊非我」有牴觸嗎？

答：這種思想多半是受西方人的影響。中國儒家傳統上講仁、愛、忠、恕、責任；而西方的價值體系多由自我出發，行事上，他們一定考慮權利、義務，我是納稅人，那麼這件事對我有什麼好處。美國歷任總統也常說，他們爲了美國長遠的利益，必須援助第三世界國家。雖然東西拿出去給其他國家，但最終還是爲了美國。所以，雖然從自我出發，但最後對個人和社群、國家，甚至國際都有好處，這是他們的文化模式。

這樣錯了嗎？不盡然，有它的道理存在。中國古代思想家楊朱說過，拔一毛以利天下而不爲。看似自私，但楊朱說，如果每個人都把自己管好了，照顧好了，那麼天下還有誰需要別人幫助呢？就如佛教講的解脫、成佛，也是一種自利，希望修習而得開悟，自利利他，推己及人，都是這樣講的。原則及邏輯上是沒錯的。問題是，很多人相信「自利利人」這句話的前兩個字、奉行前兩個字，卻忽略了後兩個字的意義。

現代社會是經濟、消費社會，偶爾爲自己買件好衣裳、吃頓大餐、外出旅遊，這是休閒，就像工作了五天，就得休息一、二天一樣；生活的確需要調劑，既可紓解壓力，讓孩子歡喜，家庭也和樂。但若打腫臉充胖子，人家有你也一定要有，爲了這些休閒、消費而入不敷出就不好了；太著重自我感官的娛樂或只強調愛自己，忘了這樣做的目的是爲了奉獻，就顚倒了。就像我們睡覺，是爲了恢復體力，讓心、腦休息，沉澱、消化，再繼續明天的工作，不能把睡覺看成目的，它只是個方法。

現在我們提倡以他爲我，以「他」爲中心，爲了能利他，我必須不斷進修；如此一來，反而成長了自己，這就是「利人便是利己」的道理。我們觀察每個人的學習過程，大概在二到三歲期間，都有一段自我中心非常強烈的時候，甚至會強到想指揮父母、影響家裡的作息時間等等，爸媽「不聽話」，就一哭二鬧發脾氣。

之後，從各種學習管道中，孩子逐漸長大，也都伴隨著把「我」變小的過程，不斷地從非常自我，進而體會他人的自我，反省自我、檢點自我、充實自我、成長自我。

我自己也是這樣，現學現賣；看藝術展覽，了解電腦，也聽聽別人介紹網路，然後融入自己的思想體系，再與人交談時就容易契合，不至於與社會脫節。我說自己像個發貨站，人家需要什麼，我就去學（進貨），然後再分派出去給人。我究竟學些什麼？當然是以佛教思想爲引導、規範，我是不會去學以傷害一批眾生來助益另一批眾生。所以，每個人的學習方向，都應有一個思想指導、有個範圍。

問：人的成長過程中，的確有一個層面是學習從有我到無我，同時也學習如何獨立思考，不要人云亦云；如果在社會上與人意見不同，這種情況在職業生涯中也很常見，有時和上司或與同事看法、作法分歧，甚而引發衝突，這是有我，還是無我？

答：這也因人、因時而異。如果是因爲自我中心，個人善惡、利害而引發衝突，那是有我，煩惱的我。相對的無我不是沒有思想、沒有意見，沒有獨立的思考能力；而是不以一己的喜怒哀樂、利害得失與人計較。在職場上，你是站在企業的立場，提出你認爲比較好的方法、策略、步驟，那是爲「他」，當然應該說出你的意見，讓大家參考，至於是否被採納，就不必太在意、煩惱了。

問：二十世紀是人類在民主政治、經濟發展大躍進的一百年，這個基礎奠定軍事、太空、醫學、生化及電腦各個科技領域的長足演進。現在，我們甚至看到基因工程三天兩頭就有新發現，而複製人的實現似乎近在眼前，也引起廣泛討論、爭辯。法師剛剛也提過，世間大多作為，多半好、壞夾雜，因為不能完全做到無我。身為科學家，分明知道他的發明雖可造福人類，卻也同時將導致不小的負面作用，雖為利他，卻也可能有傷害；像複製人這件事，該去做嗎？您剛才開示，佛法無定法，沒有絕對是非、好壞標準，像這樣的事也是如此嗎？

答：每個工作的角色扮演是不同的；科學家的角色，是找出人這個小身體和外在大身體（地球及宇宙）的現象，然後加以運用，這是他們的責任。發明的本身並沒有錯，至於它可能誘發的副作用，就得靠有智慧的人來預防，從政治、法律、宗教、經濟、哲學等方面未雨綢繆，事先做好準備。

現代的複製科技已經成功地複製牛、羊、猴子等動物，雖然法律目前仍不允許複製人，但那是時間問題，法律的防線遲早也會鬆動。現階段在技術上，複製人還有一些難題未獲解決；譬如，從五、六十歲的人身上拿細胞來複製，甫出世的嬰兒，過沒幾年，雖然還是兒童的心態，其生理狀況卻已是五、六十歲的老態，這是很痛苦的事，這一點還沒克服，但這應該也是時間的問題。

依我看，到二十一世紀末，地球上可能就有一定數量的複製人了。這種科技的發展，當然會對現有社會的價值體系、法律責任、倫理道理等層面造成衝擊。但一如全世界百分之九十五以上的人口（國家）安度電腦Y2K危機一樣，只要先知道問題所在，集合眾人智慧去解決，就可以掌握局面，不致大亂。複製人所引起的一些問題，例如父母的定義是什麼？還有，一個人只要拿一點細胞，就可以複製好多人，眞像孫悟空一樣，拔一根毛一吹，就變化出無數小猴子，那又該如何？所以需要一些法律和倫理道德的規範。

問：真到那個時候，不是很恐怖嗎？

答：（搖頭）那也未必。凡是尚未發生的局面，若非將之過度地理想化，就是將之想像成可怕，都是不必要的。

第三章

人生三部曲

很多人認為青壯年耕耘，晚年是收成、享福的時候。其實從小到大到老，我們都是一路學習，同時也一路在收成。

問：在時序上，人的成長都得經過青、壯、老三個階段。由於各時期所擁有的資源和面對的環境不同，法師認為不同階段的人，應如何建立並實踐人生觀及生命的價值？是否先從青少年開始談起？

年輕人需學習負責精神

答：現代二、三十歲的年輕人，在追求什麼呢？據我所了解，第一是愛情，第二是成名，想發大財的年輕人可能少一點吧！

尋覓異性伴侶，是動物的本能。成長中的少女少男，有的甚至等不及成年再打算，年紀雖小卻已有愛情美夢。不過，這時候需要思考一下。小說中的愛情淒美、浪漫，很迷人；但沉溺於愛河中掙扎的人，有時喜悲摻半、有時患得患失、有時痛苦不堪，情緒波動極爲洶湧。二十五歲以前正是學習的階段，把精力、時間耗費其中很可惜。若是很自然地交往，兩情相悅、彼此勉勵，那也很好。

年輕人多半想一夕成名，這樣的速成美夢也得思考一下。通常，有特殊機遇或天賦的人，是有一夕成名的機會；但是對大多數人而言並不容易，因爲實力不夠，即使想盡辦法、使盡招數成名，也是虛名。這種人往往爲了保住名聲，得做更多的虛功，十分辛苦地維護虛名，這是很痛苦的事。如果眞得了名聲，也當小心，鋒芒不要盡露。有句話說「滿招損，謙受益」，隱藏一些、謙虛一點總是好的。

除了追求成名、愛情之外，在這個成長階段，更重要的是要自我充實技能、知識及品德，以奠定人生的基礎。

目前的社會以經濟爲導向，一定要有一技之長，才能使生命的發展有延續的基礎，並免於匱乏之憂。在選擇志向時，千萬不要一窩蜂、趕流行；還是多聽聽自己內心的聲音：「我喜歡什麼？我的學習能力如何？」再配合機緣去判斷和抉擇。年輕朋友之間相互影響，或受媒體左右，容易模仿偶像、趕風尚。因此，對於選擇自己的人生出路，要稍微逆向思考一下。大家都在擠最熱門的科系、行業，但哪來那麼多機會？這樣競爭不也同時增加了嗎？更何況環境、技術演變很快，現在熱門的，不見得未來就熱門。

依著自己的性向努力鑽研，雖然眼前的選擇不一定是熱門「趨勢」，起碼你的工夫好，即使冷門，在分工的社會中，還是會有一席之地。因此，毋須勉強自己非學什麼不可，順勢而為，隨緣而做。我相信，即使再怎麼不聰明的人，只要肯用心下工夫，一定會有成果。

行有餘力，再培養一些健康的嗜好，以供消遣、娛樂，調劑生活。同時也早一些準備人生修養及健康的宗教信仰，因興趣、嗜好、信仰而認識許多的朋友，自然會擴大生活圈、拓展自己的眼界、吸收不同的經驗，這些都是生命的資源。

一般都認為只有在與人互動的時候才會發生「品德」的問題。不過，古人云「君子慎獨」，其實一個人獨處的時候，也會顯現個人品德的特質。如果盡是胡思亂想，看或做一些不該做的事，例如，不健康的書刊或電子媒體等；不要以為沒人知道，沒有關係。事實上，這種行為會形成慣性，內化且毒化成「異味」的氣質；如果自己被毒化了，與人交往時，也會影響別人，這樣一來，品德就有問題。

所以，從小要了解習性作用之大，不要掉以輕心，須時時提醒自己，做任何事都要同時爲自己及他人負責。因爲負責任的人，會懂得關懷他人；這種人愈老愈有人緣，因爲這是珍貴的人格資產，只會愈累積愈多，而且別人無法奪走。相反地，自私的人，別人會遠離你；自私而又有權，別人離你更遠。這種人一旦失勢，難過、沮喪、失落是可以想像的。

問：法師剛剛指出了年輕朋友努力的一個大方向；但一些統計數據顯示，十五到二十四歲這一代的青年人中有一些現象，令社會學者和心理學者非常關切，例如自殺的問題。根據衛生署統計，這一代青年的死亡原因中，依序是意外事故傷害、惡性腫瘤、自殺和他殺，可以說在這麼年輕就過世的人，許多是「死於非命」，而且比例呈現緩慢升高的現象。

答：一些國內、外的學者，對這種現象提出研究心得。論點之一指出，這個階段的年輕人剛剛脫離兒童期，自認爲已是無所不能的大人，所以容易做些冒險度高的行爲（喝酒、飆車以致自殘），以證明自己已成長。但是面對未來，他們卻又有點抓不住的感覺，所以飄浮其間，有時很樂觀，有時又頗感憂鬱，若加上環境的刺激，也許就容易自傷或傷人。

問：法師對於這個現象的看法如何？宗教界如何看待自殺？

生命的原點

答：這不是一個單純的問題，年輕的孩子到了走上絕路的地步，或成爲別人眼裡的問題人物，事實上反映出家庭、學校、社會的問題多一點，年輕人自己的問題還不算大。

現代父母，能讓孩子覺得他們的意見可取的並不多。在思想上，年輕人並不太受父母影響，這多半是因爲父母不跟孩子做朋友，因此上一代難以進入下一代的生活及內心世界，才會覺得「孩子怎麼變成這樣」，無法理解年輕人的言行。在這種情形下，父母察覺不出孩子潛在的問題。等狀況浮現之後，常常束手無策，不知如何處理，這是個大問題。

年輕人好奇、學習力旺盛，這同時意味著他們的模仿力也強，他們習慣三五成群，互相感染。所以，社會風氣對他們影響很大，譬如跟著流行穿短褲、緊身褲，不會考慮這對健康是好是壞；見大家都買名牌，自己也想要，沒想想自己是否買得起。

更重要的是在學校教育體制內，多半著重知識、技術的傳授，至於人格教育，好像就交給訓導處。但是，訓導人員天天耳提面命，不可以這樣、不可以那樣，並且定出條條規矩，錯了就罰，對了就賞，光這樣對學子的人格養成是不夠的。

學校教育中非常重要的一環，是老師的身教、潛移默化地熏陶；老師如果不懂得用尊重的態度、方法對待學生，而說一些譏諷輕蔑的話等等，這不但不能讓犯錯的學生心服，對其他人也不是好的示範。相對的，教育體系也應該多著力改善教學環境，給老師更多資源；如果一個老師要照顧

三、四十個學生，他就只能注意那些已經出了問題的學生，而無力顧及那些潛在的狀況。

從我的立場來看，我遺憾臺灣到現在都還沒有將宗教納入正式的教育體系。傳統上，中國人的信仰是很現實的，不太想過去世，對於未來也只想長生，活久一點，其本質是反宗教的；即使到現在也還是如此。社會輿論普遍認為，讓宗教進入校園是令人憂心的事，應該讓孩子自己摸索宗教信仰；家長也這樣想，縱然父母自己有宗教信仰，卻多放手讓孩子自己決定是否接受宗教。

這不是很矛盾嗎？家庭、學校都不教導各宗教正確的教義和精神，如此又怎麼能期待年輕人有宗教的知識去判斷、選擇呢？他們只能跟隨大眾的流行風氣。而臺灣民間的宗教多半止於信仰層面，許多為非理性的，甚至是迷信的，所以靈異之風、求神問卜才蔚為風潮。

教育當局目前正在推動生命教育，希望教導學生愛惜生命；我認為生命教育的內容，應該是說明生命如何由胚胎形成，死亡是必然，從生到死的人生過程中，必須如何安身立命。如果其中缺乏宗教教育，生命便是沒有源頭也沒有未來，無法使人將生命落實在無限的時空中。

問：什麼是宗教教育所提供，而正規教育缺乏的？

答：宗教講出生之前源頭，所以生命有了根；宗教也講死之後的未來，所以生命有了歸宿。有了根，就會對自己的命運有安定感；相信有未來，就會對自己的現在負責，當然就有無限前程的希望。缺乏宗教的引導，生命猶如失根的蘭花，無處著力。人生中只講道德，做起事來不免困難重重，因爲許多是非善惡不是一時之間就能分明的，常常對不負責任的人莫可奈何。有些作惡的人只要不被抓到就心存僥倖，也許會遭人謾罵，卻也無可奈何他。碰到這種人，就得靠宗教的力量來幫助他了。有宗教信仰的人，不僅怕人家罵，而且懂得對自己的所作所爲負責。一如海中行舟，明白自己啓航的來處，知道自己前程靠岸的去處，而且不只是這一生而已。

許多宗教都指出，生命的去處，最終就是回到初始的發源處。基督教說，神造世人，人最後要回到神的處所。而佛教主張，佛性本具，人之所以不知，是因爲受無明煩惱蒙蔽。所以我們在品德的路上不斷自我成長，福慧雙修；最後，清明的本性自然浮現，與佛不二。所以是生生世世滿懷希望，走回生命的原點。

如果對生命沒有這樣的認識和信念，即使成年人在重重生活壓力的波折下，都難免感到茫然無助，更何況是生命活力無處宣洩的年輕人。茫然無助再加上衝動，導致他們遭遇情感、人際關係或是升學等的壓力、挫折時，就有了「死給你看」的衝動。

據我了解，西方現在有一些機構正在研究有宗教信仰與沒有宗教信仰的家庭，他們的下一代哪一種比較有安全感。我猜想，應該是有宗教信仰的家庭所教育出來的下一代比較有安全感。自殺的問題相同，有宗教信仰的青年，在面對晦澀的人生際遇時，他會好好思考這個關鍵點，因爲幾乎所有的宗教都反對自殺。猶太、基督、天主教認爲，人是神創造的，只有上帝可以收回人的生命，人不可自己結束生命；而佛教則認爲，自殺與殺人都是殺生，所以也反對自殺。

中年人需有逆風毅力

問：青年之後，步入中年，法師覺得這一時期的人生，應該注意什麼？

答：就以我自己爲例做說明吧！我少年出家，知道佛法的好處，就有振興佛教的心願。這個心願到了中年之後，才得以逐步實現。

問：過程中，法師是否曾經與多數人一樣，覺得夢想難以實現，或永遠達不到？

答：是的，但我從未放棄。

那個時代，社會頗動亂，我見到許多人徬徨無依。二次大戰結束後，社會漸漸安定，可是我一樣看到許多人活得不快樂，我想這是觀念問題。佛法可以導正偏差的觀念，所以我一直吸收、咀嚼佛法，也不斷嘗試把自己知道的佛法告訴別人。

這當然要憑藉傳播媒體的力量，我二十歲就寫文章，但影響力很小；到了二十五、六歲，幾乎覺得沒機會了。直到三十歲從軍中退伍再度出家，開始編佛教雜誌《人生》，接著到高雄美濃山中閉關，在沒有電話、電視，甚至沒有電燈的寺中禪坐，內省心性，察照自己內心深處的世界，堅定了信願。同時，書也一本本寫成。

那時候我已將近四十歲，海內外邀稿漸多，我的願望也慢慢實現，但還是很慢。譬如我三十五歲時（一九六五年）就完成《正信的佛教》一書，第一刷只印一千本；十年後，我從日本留學回來，那一千本還沒賣完。

當我的師父東初老人圓寂，我再從美國返國承接老人的遺志，弘揚佛法之後，《正信的佛教》就一版一版地印，流通於台、新、越、香港、大陸，現在出版量已有兩百多萬本；而且也慢慢有人眞的照我發表的「理念」去行事。依此可見，中壯年的年限很長，從三十到六十五歲，這是人生的黃金歲月，更應當不中斷地學習，還要努力充實自己，逐漸地發揮影響力。

在此時期，我離開較單純的學院環境，進入社會之後，因爲因緣具備，很多事情聚集而來。其中有逆緣，有順緣。重要的是，我絕不因逆緣而放棄。

中年時，我也飽受打擊，俗話說：樹大招風，當知名度高了，隨之而來的非議、責難也愈多。過去，我曾爲了佛教正信之辨，與基督徒發生過筆戰，那其實是小事，我很感激他們，讓我有機會釐清外界對佛教普遍存在的誤解。但當批評我的聲音來自教內時，衝擊更大。當時，我很少有眞正的朋友。因爲當年我的言論很激烈（關於如何振興佛教的方法），很多人都覺得受到我的「辱罵」，連我的師父都有這種想法。雖然我自認爲是對事不對人，但是沒有獲得大家的諒解，因爲事裡有人，人在事中，無法二分的。

那時候壓力眞的很大。我赴日留學也曾遭受反對，一因我人緣不好，二因有些人推想，我赴東瀛之後必定還俗。

在壓力下我沒有放棄，還是繼續走自己的路，憑藉的是什麼樣的信念呢？就是山不轉路轉，路不轉人轉，人不轉心轉；只要大方向不變，其他的都可以轉變。又如，我入山閉關，與蚊子、壁虎為伍，別有趣味。那當中也是有麻煩的，但閉關尋求內心世界清明，並整理佛教經藏，這是我的志願，也沒有任何人要我去。

從這些經驗看出，人到中年更需要毅力和恆心。一般人到了這個年紀，既要成家又要立業，上有高堂、下有幼子，壓力、誘惑很多；的確要有逆風逆浪的毅力才能夠心志不搖，航向目標，貢獻社會，甚至領導一群人前行。即使只有一、二人，但大家有心一起發揮向上的力量，那也一樣有他的影響力。時代從來沒有停留過腳步，我們也只有不斷地努力，提昇自己的智慧，才能引領風潮，改造環境。只求盡心盡力，對現在的社群有益，至於千秋萬世之後的事，則不必在意。

又如，我寫作的目的不是為了出名，所以當年常用筆名。更不是為了「我想說什麼」，而是思考這時代的人想聽什麼、是否願意看我的著作等問題。因此，我很講究表達的技巧，得要用現代人聽得懂的語言才行。否則，古代大德對佛法講解得還不夠多、不夠好嗎？我又何必在字海中再投字進去呢？

況且，我從來不存著自己的書要留給後代的念頭，我不考慮五十年後的人是否要看我的文章，我關心的是現代人需要什麼。因爲後來者自然有不同於我們現在的語彙和需要，也自然有人會去滿足新的需求，不必是我。

總之，在中年時期，爲立業做準備、打根基，以及衝刺的時候，我還是一句老話，要有奉獻的心，不要老算計名利，那會惹來許多的煩惱。但如果多做奉獻，到某個程度，名利會自然跟著來的。

問：法師剛提到年少時編織夢想，步入黃金歲月時就發揮逆浪行舟的毅力，充實自己邁向目標。這種帶著英雄及戲劇性色彩的人生，的確是二十歲上下的人所企盼的。但是，大部分的人到了中年，恍然清醒，發現自己只是芸芸眾生中的路人甲、路人乙，上班、下班而已，往往在心理上需要一番調適。究竟中年人該怎麼接受自己的平凡呢？

答：俗話說，兒童是國家未來的主人翁。主人翁是指每個人都可以當領袖，或成爲社會上左右時局的風雲人物嗎？當然不是。

成爲社會乃至全世界的主人翁，這句話的眞諦是：在民主的環境中，每個人都有一份奉獻自己的機會和力量。國家、社會都是抽象的名詞，事實上，它是由每一個個人的表現聚合而成的綜合體。

我常以手表來比喩這件事，手表要運作得好，它所有的零件，不管是大中小齒輪、螺絲、指針都必須通力合作地運轉，少一個都不行，彼此都有密切的關係。現實世界裡，不同的社會有不同的運作模式，有的是由一個大齒輪來帶動，有的則是由三、兩個中齒輪組成核心。看起來好像當大齒輪的比較風光，但是，手表裡面全是大齒輪，這樣行得通嗎？

所以，如果國家有進步，所有克盡己力並扮演好自己角色的人都有功勞；反過來，社會有缺點，不要光指責別人，也應該自省有無失責。

青年朋友編織彩色的夢，那是好事，也很自然；但隨著光陰流逝，也許到了中年，發現自己的機遇、各方面條件不允許，無法實現夢想，即使如此，也不必爲此感到悲哀。我們觀察一下，周遭的人是不是仍然有類似的夢想？而再下一代的年輕人是不是也有同樣的夢想？如果這個夢有追求的價值，那麼一定不斷會有人前仆後繼去努力和嘗試。有一天，夢想、抱負眞的實現，那麼成功何必在我？由別人完成，不也很好？人類歷史上許多劃時代的制度、科技，不都是許多人獻身研究，經年累月堆砌成績，最後才由少數人完成。因此，凡是在這漫長過程中努力過的人，都不是平庸的失敗者。

而一個人做夢，不如大家一起共同做夢美滿。

古代儒者對人的道德要求很高，希望君子（讀書人、知識分子）都能三十而立，立什麼？立功、立德、立言。到了現代，「三立」應有不一樣的解釋，因爲教育普及了，過去受教育是少數菁英的權利，他們都準備要當官，所以道德訴求很高。現在人人平等，不必把三不朽的格言想得那麼偉大、高不可攀。

依我看，盡己之力，就是立功；與人和平相處，就是立德；說話算話，用眞誠心講話，就是立言。

老年人需要服務人群、分享經驗

問：老年時又該如何把握這段歲月？

我有個親戚曾告訴我一個很有趣的故事，他住在一個老社區已有四十年，所以街坊老人鄰居很多。其中有一位老先生每天清晨三、四點就到公園散步；七點回家吃早餐休息，又出來走走；中午太陽大，再回家用飯休息；到了黃昏還是在公園散步，直到天黑。日復一日，除了三餐，老先生的一天，全花在走路運動上。我這位親戚感慨良多地說，許多老人只想健康地活久一點，他可不想這樣。

法師認為老年生活怎麼安排才好？

答：我常笑說：「夕陽無限好，不是近黃昏；前程美似錦，旭日又東昇。」有宗教信仰和沒宗教信仰的人，到了老年，生活差異就很大。有人可以重新展開第二春，或在心理上已準備好死亡及死後的重生；有人則愈老愈勤於求神問卜，不知未來在哪裡？

老來多照顧自己的身體是應該的，但把它當成生命的全部未免有點可惜。現代人平均壽命逐年延長；老年人雖然體力、心力慢慢損耗，但由於經驗豐富、資源頗多，在條件許可的情況下，是可以再創事業。然而，老年人比較患得患失，禁不起大幅度的失落。青年及中年時衝勁十足，對於人生的起伏及落差，多不以爲意；但老年時，對這種大變動的承受力比較差，因爲精力已衰退，大不如從前了。

不過，老年的人生像黃金般的蓮花，必須盡力維護。不論從事宗教公益義工，或上空中大學、社區大學繼續進修，都是很有意義的事，可以擴增生命的活力。

以我個人而言，眞正開始弘法是五十歲以後的事；對社會的影響力，則是在六十歲建立法鼓山之後才更彰顯。我和弟子們開玩笑，如果我在六十歲之前死了，就沒有法鼓山的志業了。

很多人認爲青壯年耕耘，晚年是收成、享福的時候。話雖如此，但人老了是否還要收成名利、地位、權勢？不是的。應該是將你耕耘的結果廣布於社會，與人分享。其實從小到大到老，我們都是一路學習，同時也一路在收成。所以，晚年時應該將你此生的經驗、資源奉獻給社會及其他人，讓下一代有機會發揮才是。

第四章

命理的正思惟

命理專家不能解釋生命的源頭，其實，它是一個使命。從佛法來說，每個人來到這個世上，都帶著一個使命，你這一生就是要去實現這個使命。

問：趨吉避凶是人的本能，因此幾千年來，東、西方的命相占星術，歷久不衰。在臺灣，許多人在選擇職業、婚姻對象、陽宅、陰宅，甚至姓名、理財，都會受命相、地理風水的左右，不但影響個人日常行事，也進一步影響個人對自己生命的認知。

法師曾在《法鼓鐘聲》一書中提到：「命有命理，地有地理，天有天理。」這裡所指的命理是什麼？跟時下一般用來預測未來的方術，是同一件事嗎？

生命的源頭即是命理

答：我所說的命理，是包含生命的源頭、過程和結果；而這個結果本身，又會成爲下一個源頭，展開另一個過程，再得一個結果，如此因與果循環不已。

命理的推展，需要配合天干、地支，才能推算一個人一生大致的狀況，以及一些生命的特質。這也意味著，人的命理與天地（自然）相呼應，息息相關；所以，命理之中有天理、有地理，是在特定時、空環境中運作的。既然是在一定時間、空間中互相牽引，就有各式各樣的元素彼此配合，形成一種能量。

具體而言，縱使同父同母所生的兄弟姊妹，因爲出生的時間不同，他們的性情、潛能就各有差別，甚至南轅北轍；而同年同月同日同時生的人，因爲父母的遺傳及地點環境不同，資質也互有高低，不能一概而論。在這些力量交互作用下，一個人生命的基礎、一生的過程，大致上在出生時已經決定了。

後天的環境、作爲，當然會改變一個人的身體健康、心理狀態、潛能與智能發展的程度，因而漸漸地改變了原先的命運。俗話說：「小時一看，到老一半。」話雖可信，卻又不能盡信。

我自己就是個很好的例子，我出生就是個體質瘦弱、多病、弱智的孩子，許多人一看我這個樣子，都會認爲這個孩子將來是沒有辦法了。一直到我成人了，在成長過程中，看好我的人很少很少，到了三十幾歲還是如此。要是有人看好我是個可造之材，就會投資我；但我一生幾乎沒多少人主動栽培，大概都不認爲我能做出什麼事業。我目前的一番作爲，是出乎許多人意料之外的。所以，人一出生，大部分的事雖然已經決定了，但還是有努力的空間。

問：為什麼一出生就「大勢底定」了呢？

答：這跟出生的時間、空間的氣有關，它代表著你出生時在宇宙間吸收到多少能量；文天祥在〈正氣歌〉一文中說到：「天地有正氣，雜然賦流形，下則爲河嶽，上則爲日星。」所以，一般算命的人，不但需要生辰八字資料，通常還要問生於何處。

除此之外，還要配上源頭的因素，這個源頭是過去世帶來的福報或業障。由於人人都不知道自己出生時帶來什麼樣的福報、業障，所以只好叫它「命運」。

社會上幫人算命問前程、占卜吉凶的方法，眞是五花八門，大致上可分爲面相、手相、骨相、紫微斗數等，這些統稱爲命理學。這些數術，不完全是無稽之談，它們能經過幾千年的變革，至今仍盛行於民間，有它一定的道理。但我們往往可以發現，任何數術占卜過去發生過的事，準確度都很高，但預測未來則不一定準確。這說明人的未來掌握在自己手裡，人是可以努力改造自身運程的。

爲什麼看過去比較準確呢？因爲過去發生過的事會對我們的身心造成影響，並且顯現在我們的外相和氣色、氣質上。俗話說：「相由心生。」因此有些人批命，他憑藉的不只是生辰八字等資料而已，敏銳的人還可以感受到你身上散發出來的氣，再參考生辰八字中透露出的特色，跟你講幾句話，察言觀色一番，就可以推敲出一些線索了。

人總是「窮算命，富燒香」，但窮不一定指金錢上的不足，它泛稱資源的匱乏、心靈的困頓，和生命歷程中的挫折坎坷，都是窮。在這種處境中的人，有種種的疑惑，就會想算命以了解原因。富燒香則是還願的心情，到廟裡燒香以感謝神明的保佑。通常一帆風順的人不會想算命，因爲他們太有自信了。

我自己也有兩次去算命的經驗，第一次就是因爲遇到「窮」的情境。當時我還不到三十歲，仍在軍中當通訊兵，身體又不好，想退伍卻又退不成，所以感到前途茫茫，心情非常苦悶。

有一天，我與一位居士聊起這個困局，恰巧被一位法師聽到了，就建議我去找一位很有名氣的袁先生算命。我回答說，那個人那麼出名，讓他算命還要預約掛號，費用太高，我付不起。那位法師說，他可以幫我付錢，要了我的生辰八字，用通信的方法幫我算命。

袁先生的回信中，批了我的流年，講過去的都很準，而他則說我是出家人的命，將來會成爲一位有影響力的法師。他還說我活不過六十五歲，而且我的人生走到六十三歲就已到了盡頭，勸我到此需要隱退，否則會折壽，活不到六十五歲。

過了幾年，從軍中退伍後，我二度出家；有一個機會，我們共有五位法師一起去找一位韓先生，他是一位專門研究指紋的專家，研究命理是他的業餘嗜好。

那時候我還是沒錢，由其中一位法師幫我付帳。韓先生看了我們五個人，他囑咐其中一人小心日後將有麻煩；後來，這位法師果然早逝。韓先生說另一位很有前途，這位法師後來果眞很有作爲。

至於我，他看我的手相良久，之後說道，我的掌紋很奇怪、很少見，並說我只能活到五十幾歲。（法師伸出他的左手，一邊指畫一邊說）我這條生命線本來中斷，後來不知不覺又連接在一起。我有斷掌，但斷的方式和別人不一樣，一般人是智慧線、感情線呈一直線；我是感情線彎一個角度，才跟智慧線相連。韓先生還看我的婚姻線，說我應該有三個太太，而我卻出家，也幸好我已出家，不然可麻煩了。他還問我們，是眞的出家人嗎？還是化妝來找他開玩笑的？

這位韓先生雖然斷言我會死於五十多歲，但研究半天卻也看出一點希望，因爲他說我的掌紋中，有許多由大小線交叉而成的「星丘」，這代表有一些可能性，不一定好，也不一定壞，只是個機會。

十多年前，我的一個在家弟子也研究紫微斗數，他非常熱心，執意要幫我算命。他說：「師父，給我算一算，有好處的。」我就給他生辰八字，他排過命盤之後告訴我，什麼時候犯水，哪一年房子有火災，又什麼時候會犯風……，我都不去理會。這位居士也說我只能活到六十多歲。

改造命運有良方

可見，人雖有命理，但命理學卻不見得可靠，得看你的恆心和毅力。恆心、毅力表現在哪裡呢？表現在「富貴不能淫，貧賤不能移」。大富大貴時，不驕奢淫逸；貧賤時也不灰心喪志，不論處境如何，都堅持下去，不斷地學習、奉獻。時過境遷，富貴貧賤也都有結束的時候，如果你心志堅定，那麼命理對你也莫可奈何，因爲它操縱不了你。這就是改造命運的好方法。

人一出世，源頭雖已確定；但在人生過程中，每個當下，不管大小，你都會有收穫。因此我們雖不能改變已經確定的源頭，卻可以改變過程中的結果，每播下一粒新的生命種子，將來便有個新的、好的生命源頭。好比我們今天做的事（因），就成了明天的源頭（果）；有時候，結果不會那麼快來，有的因果卻可能很快就成熟而呈現出來。假設我今天胡說一句話，報紙刊登出來，那我馬上有不好的結果和影響到未來的源頭；但今天做了一件好事，卻不一定在明天就享受到好果實。但是我相信這個好的結果會持續累積，甚至到死後的未來，它總是會在我的有生之年中呈現。

源頭，是命理中很重要的一環，但是一般命理學者卻極少考慮到這個重要的因素，反而將注意的焦點放在一個人生命的過程。他們可以告訴你，你的人格特質、家庭背景、未來運勢等等，卻無法告訴你，爲什麼你會有這些特質？爲什麼你會生在富貴之門或貧窮人家？命理專家不能解釋生命的源頭，其實，它是一個使命。從佛法來說，每個人來到這個世上，都帶著一個使命，你這一生就是要去實現這個使命。

問：為什麼出家人都成為法師了，還要去算命呢？

答：那時純粹是好玩而已。

問：一般人在人生的十字路口，或因好奇，也可以去算命嗎？

答：還是少算爲妙，不算最好。

先說一件有趣的事，命理專家也不見得算得出自己的命。替我算過命的那位袁先生，他有一筆錢。在早年政府遷台的時候，銀行制度尚未步上軌道，利息也低，他就把這筆錢放在一個同鄉的老和尚那裡，託老和尚幫忙，借給需要錢的信眾，替袁先生收較好的利息。過了一、二年，袁先生收不到半分利息，連隻字片語也沒有。他急著跑去問老和尚，那筆錢利息狀況怎麼樣？

老和尚反問：「你有錢放在我這裡嗎？我拿你的錢做什麼？我收人家錢，那都是信徒布施的。」

「唉呀！你怎麼忘了，我眞有筆錢寄放在你這裡。」

「有收據嗎？」

「我們這麼多年交情，我信任你呀，你又是個法師，不會騙我的。你糊塗了。」

「這麼一大筆錢，我要是眞收下，怎麼會忘呢？我眞沒拿你的錢，所以如果你說出去，別人也不信。」

後來，袁先生還是到處說老和尚吞了他的錢。有一次，兩人再見面，老和尚說：「你不是精於算命嗎？怎麼算不出來自己會破財呢？你不要再張揚這件事了，否則別人會認爲你的招牌不靈了。」

那一年中秋，老和尚拿著一盒月餅去看袁先生，希望他消消氣。老和尚離去之後，袁先生難消心中氣憤，拿起那盒月餅往地上砸，想不到砸出一堆鈔票，他恍然大悟，才知道自己失禮，於是趕緊向老和尚道歉。

連命理專家都算不出自己要受此大玩笑，平常人何須算命？即使遭遇困難，也不必去算命，主要有兩個原因。首先，你很難知道命相師的爲人如何，遇到品德高尚的命相師，他會鼓勵人要多積德、行善、充實自己，才能改變命運；如果遇到品德不好的命相師，他就叫你花錢改運。然而，命中的因果業報，豈是給錢改運，就可改變？再者，你也不知道他是否準確，若是不準固然冤枉，就算準確又如何？是福不是禍，是禍也躲不過。

有一回我走在路上，旁人提醒我「小心」，我心裡也自忖要小心，才有這個念頭，不知怎地，剎那間就摔了個跟斗。又如我上樓梯時，一定小心扶著扶手，但有一次腳踩住自己的僧袍邊襟，不小心跪跌了一下。又有一次我在路上見到對面駛來一輛機車，我連忙小心地閃到路邊，但還是被撞著左手，不僅手表及袖子破裂，還要被罵：「瞎了眼啦！你找死嘛！」算命的相士要你何年何月防水、防火、防盜、防血光、防破財，但這些凶險之事難道平常就不必防範嗎？那是天天要防，防不勝防的。

還有，過於依賴這種方術想趨吉避凶，做什麼事都要看日子、對方位，結果弄得自己緊張兮兮、疑神疑鬼，連帶也給身邊親朋造成不便，人際關係也就容易不和諧，實在是未蒙其利，先受其害。所以，時時小心是應該，因擔心而算命則不必。

不過命相不是一無可取，有些人知命之後，反而因為認命，心裡比較安定，知道一些人間常企盼的功名利祿今生沒份，那就安分守己，不作非分之想，這也算是心理治療的正面功能。但是有些不得志的人，如果完全依靠算命，恐怕有了機會，也不敢嘗試了！

問：這種事也很弔詭。譬如有一本小說，書中女主角做人家的小老婆，她去算命，命相師說她就是這個命，她也就真的認命了。這也叫作算命的正面影響嗎？而且我知道許多外遇事件的女性第三者，都有類似的經驗。

答：這就要看命相師的道德了。

有道德的命相家，看到女性有這種可能，他不會說破；在事實未發生前，他會叮嚀女方要多讀書，增長智慧，感情的事不可太衝動等等，不會「鐵口直斷」對方會當小老婆。但是如果事情已經發生，那命相家說了無礙。在我看來，很多人願意當小老婆，是源頭帶來的，她明知不能登堂入室受人祝福，還是去做小老婆，那眞像小青蛙碰到蛇，終究逃不過。除非當事人有了宗教信仰，理性轉強，依靠自己的心力加以改變。

問：算命是不是迷信呢？崇尚科學的人認為那是沒有科學依據，但命理界則說命理是一種統計學，很合乎科學。法師怎麼看待此事？

答：我不能說那是純迷信，它有它的道理，我們承認命理的存在，但不可以事事遷就它。

迷信與正信

問：那麼迷信與正信的分別在哪裡？

答：大體而言，全世界信仰宗教的人，不論他信仰天主、基督、回教或佛教，如果只停留在「信」的階段，而不去理解和實踐，那麼都不能算是正信；因爲「信」的基礎有的時候是非理性的，不需要什麼理由，因此也就很容易掉入迷信的陷阱。

以基督教來說，他們講「信、望、愛」，信上帝是希望上帝垂愛世人；由於希望得到上帝的愛，世人也就應該學習祂，先去愛人。更深一層解析，信仰很深的基督教徒，把一生所有的遭遇，不論是逆境或順境，看作是上帝的恩典、賜予；把挫折、困難和福分都視爲磨鍊的機會，這是非常不容易的事。最後，因爲上帝有愛，人一如上帝去愛他人，終得上天國，回到神的國度。

這樣的信仰邏輯和行爲，的確經過了神學、理論方面的辯證，但是一般基督教徒大多只停留在「信」的層次，雖然他們也「望」，希望上帝賜給他們恩典，所以不斷禱告，但不容易體驗到，即使遭逢逆境，也是上帝恩典的另一種表現。

就佛教而言，在中國社會裡，由於其他民間信仰不斷摻雜，情況比較複雜。我把這個混雜的民間信仰現象分爲幾個層次來分析：

一、急診式：臨時遇到困難、問題，找不到辦法解決，才想到求神祈佛。

二、賄賂式及投資式：信教者心中帶著回收的預期，希望這輩子或下輩子生長在好的家庭，或好的環境，以享受福報。

三、證人式：以宗教信仰當名牌、通行證，證明自己是好人；或對著神明向他人發誓，證明自己是無辜的。

四、健身房式：用氣功、養生術等包裝宗教。

五、經驗式：這種宗教信仰強調神祕、靈異的經驗，著重於神通力和感應。很多人用禱告、打坐、持咒、誦經、加持的方法，以獲得這樣的神祕經驗爲滿足。

六、學問式：把宗教當作一門學問或哲學來研究，宗教的論理吸引他，或者出於好奇，而成爲宗教學專家。但他們的思想言論是一套，立身處世的行爲又是一套，言、行未必合一。

七、愛與施：這是比較高的信仰層次，信徒能以愛和布施來身體力行宗教教義。施是爲了慈悲的愛，不爲求取名利等的回饋。

最後，是超越式的宗教信仰，它是無我、無執著的，不以自我爲中心的信仰，以「空觀」、「中觀」來體驗空性的智慧，實踐無緣慈悲的佛法。

因此，健康的宗教，必須能在日常生活中把理論（教義）和實踐結合爲一體。也就是說，生活中的每一個當下，都可以不受誘惑、刺激，因而不起煩惱。例如，自己有能力布施、付出愛，於是去做；既不是爲了求得福報，甚至也不「想」著自己是在布施、做好事。這是三輪體空的精神——沒有布施的人、也沒有被布施的對象，和所布施的東西。

除了超越式、愛和施捨式的宗教信仰，也不能說其他六種信仰層次完全沒有好處。許多人透過練功、膜拜、上香祝禱等等儀軌，心理上就有安全感，因爲藉著這些儀式，他們認爲可以得到「保佑」；即使所求之事不應驗，他們也會自我安慰，認爲大概自己福報不夠，所以有麻煩時神明也幫不上忙。

譬如，我就注意到，一些進香的遊覽車，偶爾也會發生車禍，但是沒有信徒會怪媽祖、王爺不靈驗，他們每年還是照樣前往祖廟。

而宗教的神祕經驗，同樣也有加強的效果，可以提昇對宗教的信心。不論是增強心裡的安全感，或者兼顧對宗教的信心，都有好處。我們現在所提倡的是，把信仰的層次，從這些層面再往上提昇，使得由信仰所得到的信念，能與生活結合，進而產生淨化生命的力量。

受報與祈求

問：法師先前提到，源頭帶來的業報（有好有壞），很難改變，所以不須在人生波折起伏時，寄望能透過花錢改運的門道。但是，我讀過一本《十大弟子傳》，介紹釋迦牟尼佛住世時，座下十個大弟子的種種事蹟。

其中，神通力第一的目犍連尊者被外道害死，佛陀弟子不忍又不可置信地問佛陀，目犍連為什麼不用他的神通力躲過災厄呢？佛陀回答，那是因為目犍連前世的業報，應該要受此橫逆而死。

但另外一位阿難尊者，有一天見到鬼像現前預報他將死的訊息，阿難大驚而問佛陀該怎麼辦？佛陀教他一心持誦阿彌陀佛的聖號，經過好幾天，終於得到阿彌陀佛的慈悲，延長他的壽命。為什麼同樣有業報，但有的可以求，有的不能求？

答：阿難尊者這樣的故事我不清楚。

問：或者以持誦觀世音菩薩的聖號為例。根據〈普門品〉的記載，人若遇兵、刀、盜、水、火、風等劫難，只要一心稱誦觀世音菩薩的聖號，他就會聞聲前來解危。許多法師在解說〈普門品〉時，也會舉一些實例來印證。這不也算是「求」消業障嗎？

答：佛教所有的經典，大致可以分爲兩大類，一類是原始的經典，這些經典比較忠於釋迦牟尼佛的說法，是弟子聽聞佛說的法義後所記載，這些主要以《阿含經》和《律藏》爲代表；這些經典中的確有少許篇章論及神通，卻很少講感應之事。另一類經典，以大乘經典爲代表，例如《地藏菩薩本願經》、《法華經》等，就提到很多感應神通的事蹟。

愈是原始的經典，愈貼近人性，多以人的本位爲出發點，談人及人生各個層面的問題，思考日常中如何以智慧解決困難，乃至如何能不失煩惱，如何以慈悲面對眾生，不起分別。這兩個原則，充滿在佛陀的教誨中，如何改善你的命運，經典也有記載。你遭遇到什麼樣的厄運，佛陀也會告訴你爲什麼，能夠改善的就改善；不能改善的，逃也不是辦法，就勇敢接受它（處理它，再放下它）。偶爾，佛陀也會提到神通，可是不能流於蠻橫式的，例如打人一拳，還不准別人還手。

在社會上，總會碰到不順心、不順眼的人與事，這是過去世與對方沒有結好緣，今生的功課，就是結束這個緣，不可以冤冤相報，沒完沒了。所以，如果能讓對方寬心，不擾你、害你，這非常好。但如果對方不能原諒你，有時業力太強，以致他無法原諒你，那就只好坦然接受；一旦接受以後，就等於結清過去所積欠的舊帳了。

目犍連是被鹿杖外道打死的，這些人的法器是鑲著鹿角的杖棍。目犍連神通之大，十大弟子中排第一。當年，鄰國要攻打佛陀的母國釋迦族，佛陀坐在要道上三次，勸退來軍，但仍然阻止不了戰爭。目犍連不相信事不可爲，用神通力把釋迦族中上百位善男子、善女人，裝在一個大缽內，他以爲可以保住這些人的性命，但當戰爭結束後，他打開缽蓋子，赫然發現缽內那些人都已化爲血水。

有這麼大神力的目犍連，面對自己的業報，也只有坦然接受，而不再施展神力逃避。因此，佛教原始教義比較傾向勸人面對業報、接受業報。

佛教經典到了大乘時期，提出不同的解釋，其中強調的是佛菩薩的慈悲誓願；所以當人遭遇災厄危難時，可以借用佛菩薩的力量救濟，暫時緩一緩，待將來精進修行之後，要做大佛事、大救濟，而且自己也還要受報。甚至有說：「罪性本空由心造，心若滅時罪亦亡。」唯其根本的原則是「定業不可轉」，造業需要受報。例如，佛陀即使成佛後，還是有背痛、挨餓、受人誹謗，又如佛陀被提婆達多陷害，以致腳受石頭砸傷而出血。雖然成佛，但仍免不了前生之業報，這些受報都有它的原因，也得坦然接受。

原始佛教經典與大乘經典在這方面會有不同的出發點，關鍵在於原始經典認爲得大解脫、進入涅槃之後，就不再有來生；因此，所有的果報、因緣，在此生都得了結。但大乘佛教認爲，即使證得解脫，出於度世的慈悲誓願，還是會一生一生再來的，所以可以慢慢受果報，解脫後再補償。

問：聽起來，法師似乎比較傾向原始教義，鼓勵人面對業報時，要勇敢承受，而非求受業報。

答：我兩種都採行。雖然我有時也祈求觀世音菩薩，基本上我是傾向原始教義；但對於一般大眾，若是遇上大難關，眞是熬不過去、撐不住，我也會請他們祈求觀世音菩薩，讓內心有個依靠。看狀況而定，不是絕對一成不變。

第五章

死亡是怎麼回事？

假使你能將生命的長度上下延伸，相信過去、現在、未來的三世因果輪轉，那麼這一生的死亡只是下一生的另一個開始，你的人生態度會更從容來面對曲折的人生處境，以及各種生與死的問題。

問：雖說「人生自古誰無死」，但是科技的力量已經進入死後復活的課題，譬如「急凍人」的實驗。法師認為人類將來能否「不死」？或者壽命可以延長到幾近壽命的極限？

萬物變化無常

答：自古以來，總是有人希望長生不死，但是到現在爲止，不論中外還沒發現有人可以不死。事實上，不僅人類一出生就貪生怕死，其他動物也一樣。我們觀察自然界的生態，即使是植物也有榮枯交替，在地球上有存活百年、千年依舊的神木，卻還沒見過有萬年不死的樹木。

在第二章〈生命的意義〉中我提過，萬般靈物都離不開「成、住、壞、空」四相的循環，我們寄生的地球也有生命的終點。地質學家研究地殼活動，大約幾億年變動一次，海洋升爲高山，陸地沉爲川流，在這麼劇烈地地層變動下，當時的生物幾乎都滅亡了。如果我們站在宇宙中窺看地球，它的運行軌道並非一成不變，從圓形轉爲橢圓形，這種變化就會牽動南、北極和赤道位移，進而影響其中萬物的生態。這種宇宙天體的變動，進行速度很緩慢，它的影響並不是一、二代人類可以明顯感受到的，但它的確在變。事實上，沒有事物是恆久不變的。

自然環境的變化，形成春夏秋冬，人類身體對應這些變化產生生、老、病、死。即使我們心理的活動也是轉變不已，而心理活動也有生、住、異、滅四相，意思是我們每一個念頭都會經過出現、暫時留駐、變化、消失這四個過程。

所以，從宇宙、地球、生物、人類，到我們的身體、心理都無法永恆不滅，它既生生不息，也同時變化不已，這就是無常現象。

以人類的智慧，很早就觀察到環境的動盪，和人終會死亡的事實，但人類卻一直有長生不老的欲望，這個深沉企望廣見於人類歷史各個民族的宗教信仰裡。譬如古埃及人相信，人死後可復活，借用此生的身體到另一個世界，所以發明木乃伊，但到了二十一世紀的今天，我們都曉得，從來沒有一具木乃伊復活。

中國古代也是如此，古帝王會想辦法讓自己的遺體不腐化，而且也有財寶、奴僕陪葬的死亡文化，這種現象正是渴求復活、希望永生。

道家勤練內、外丹功，最終的目的就是羽化登仙、長生不死。所謂內丹功就是氣功，他們認爲將體內「精」力練成「氣」，「氣」再練到一個階段可成「神」，再持續練下去便可成「仙」。這時候，神魂就會脫離軀體而去（道家稱此爲遺蛻），達到不死的目的。

但這樣的事情只存在於個人的信仰當中，眞有如此的仙人嗎？好像沒有。

道家所練的外丹功，就是用汞、金、銀等金屬提煉的藥丹，又稱丹鼎之術。在一、二千年前這是一種科技，對中國人後來的冶金技術有正面的幫助。但是，用煉丹術煉出來的丹丸，卻從來沒有成功地讓服用者長生。唐、宋時期，許多皇帝王侯服用這類丹藥後，初期似乎眞有強身、壯陽的功用，但長期食用後，肝腎等器官因重金屬中毒，反而死得更早。到了現代，大眾不再相信死後復生及煉丹長生的神效，轉而「順乎自然」，以健康食品、維他命、補品、運動等方法延年益壽。這些觀點，原則上我是認同的，但若仔細推敲，其實很難給「順乎自然」下一個妥當又合適的定義。如果人人像樹一樣生長於山野森林，看起來最是自然，另方面卻把自己暴露於危險中。譬如《祥林嫂》這部電影，劇中描述寡婦祥林嫂由於貧困，帶著孩子住在山上討生活，後來孩子竟被狼咬走了。所以，人畢竟是人，需要一些適當的保護設施，無法與其他動物一樣那麼「自然」地在野外求生。

所以，我個人認爲「自然」是中庸之道，它的內涵是純樸、簡單、整潔和心境的安寧，無論衣食住行都不要過度物質化，動靜適時適地，這樣應該對延長壽命有一定助益。

有一天，雲門舞集創辦人林懷民先生跟我聊起該舞團團員的生活，我覺得那就是一種「自然」——簡樸、寧靜而健康的生活方式。雲門的財務一向不寬裕，曾經因爲經濟困難休息了幾年；近些年來國民生活水準普遍提高，懂得觀賞的人多了，不過舞者的收入還是不高，平常吃的、穿的、用的都非常簡單，即使沒有公演，每天依舊練舞。如果用營養專家的標準來看，他們的營養應該難以負荷這麼大的活動量，但是在爲理想以及對舞蹈的喜愛和毅力下，卻可以日以繼夜地跳下去。那矯健敏捷的動作，很難讓人相信他們有的已是四十多歲的人了。

知死是重要的

問：既然人終會一死，那麼「知死」重要嗎？因為孔老夫子一句「未知生，焉知死」，對中國人面對死亡的態度，影響很大。

答：孔子這句話有它的作用，因爲一般人在生時對「法」（世間萬物更替之現象）渾然不覺，很少人會去深究生命從哪裡來，既然不去思考生前死後的問題，那麼就好好過現在這一生吧。「身體髮膚，受之父母，不敢毀傷，孝之始也。」這種思想也是勸人珍惜生命、愛護身體，不過分冒險，而使生命受到傷害。

如果人都只有現在生的生命，那麼儒家的生死觀，與佛教所講的道理便有許多相通之處。但問題在於，人生的過程中有吉凶、福禍、順逆、貧賤、富貴等問題，而且這些問題都是苦樂摻雜。如何面對、處理這些曲折的人生處境，同時保持心境的平和，用慈悲、智慧對待人與事呢？在這方面，假使你能將生命的長度上下延伸，相信過去、現在、未來的三世因果輪轉，那麼這一生的死亡只是下一生的另一個開始，你的人生態度會更從容來面對曲折的人生處境，以及各種生與死的問題，這是儒家與佛教不同的地方。

我舉例來說明。當我還在服役時，有一位排長跳陞一級，被上級拔擢爲連長，由於違背軍中人事的倫理，副連長及其他排長十分不服氣。這位受擢陞的新任連長知道袍澤有怨氣，一天，他對大家說：「我知道你們都比我能幹，可是我運氣好，這個人事命令是上級指定的，我也沒有鑽營而向上奉承。」大家聽了，就沒話講了。

運氣是什麼？是老天無眼，看不到你洋溢的才華嗎？不是的。這是在過去生中，你跟人結的善緣少，所以今生在與人共事時，就得不到助力，甚至障礙重重。爲了改善這種狀況，你今生更要加倍努力，來生才會有好的果實採收。若能如此想，你的人生就會開朗寬闊，擁有一片光明未來。

我在三十多歲，與其他的法師出席法會或聚會時，大家一一介紹，我總是最後一個被介紹。信眾聽到「這是某某法師」，通常都會熱切地說「久仰」，或者也有人向他頂禮；而信眾聽到我的法號時，多半的反應是默然，甚至也有不看我一眼的。那時候，我知道這是自己福報不夠，所以從來不跟人比較、相爭，內心也不會難過。

有一次，我的師父東初老人告訴我：「聖嚴啊，你前世種福不足，現在應該多結人緣。」我回答，過去生結的緣少也無妨，今生我不害人就好了。這是我當時的態度。

因此，相信有過去世，當遭逢逆境時才不會起忿恨心。其實，由於我自小出家，本來就有這種信念，所以小時候就勉勵自己多與人結善緣，我很小心地不與人結怨。雖然如此，與人結緣，還是不受人恭敬、供養，也沒關係，我既不會生氣，也不會認爲一定要受恭敬、供養。倒是這個觀念，連結了此生之前的過去，也延伸到此生之後的未來，人的生命因爲有了連貫，也就有了更開闊、更完整的格局，這是佛教的生命觀。

俗話說：「善有善報、惡有惡報；不是不報，時辰未到。」此「時辰」若是限定於此生此世，那就會發現世上反而常有「好人不長壽，禍害遺千年」的事例。但是，我們若把這個「時辰」延長到過去和未來，那麼所有的因果，都要經過三世（過去、現在、未來）才得圓滿，以此心態來看待世間現象，也就能夠將心安置在寧靜的海洋中，不隨際遇而起波濤。

一位西方記者曾經問達賴喇嘛，這個世界哪有眞正的公義？到處充滿不公平的事情。譬如，像你這麼慈悲的好人，也落到流亡海外數十年的地步。達賴喇嘛回答他：「如果你相信有過去，相信有未來，你就會感到平安。想著永遠的過去，想著永遠的未來，你的內心就會平衡、快樂。」

至於過去從哪裡來？未來到哪裡去？在生前很難清楚明白。

三世永續的生命

問：那麼，死後會不會就很清楚、很明白呢？

答：（搖搖頭）不容易。

首先，我們必須了解一個狀況，新生嬰兒的腦細胞是空白一片。如同還沒有輸入任何程式、內容的磁碟片一樣，新生兒只帶著父母給他的基因出世，卻沒有把前生的記憶帶來。因爲在前生臨死時，腦中的細胞全死了，無法留下一絲痕跡。

要是有人知道前世種種，那靠的不是腦細胞的功能，而是神通。神通有生得、有修得；「生得」是前世強烈的毅力或福德力所遺留的力量，藉著這個力量而知道前生的部分情形；「修得」是依修定、持誦、觀想等方法而發起神通力，但若不能妥善處理神通，反而會帶來生活上的煩惱。

我遇到許多有這種能力的人，他們都知道自己的過去世。三個月前（一九九九年底），當時我在美國紐約的象岡道場，有一位從北京到美國留學的女子和她母親來看我。這位母親是佛教徒，她女兒則不是。

這位年輕女學生告訴我，她本來跟普通人沒兩樣，可是有一天，她突然就看到自己的過去世，而且也可以預知未來。通常這種異能，可以清楚地看到過去，但至於未來則只能知道一部分。她甚至有透視人內心和內臟的能力，而且不必面對面，只要通個電話，跟她接觸就可以知道對方心意如何、身體狀況如何。

自從她有這種異能之後，生活步調就被打亂了，因爲她時而在現在，時而又好像回到了過去，時空發生錯亂。對此生父母的感覺也沒有過去那麼親近，不覺得自己是這個家庭的一分子，因爲她知道現在的雙親，不是她「原來」的父母。

她告訴我雖未信佛，卻相信此生有過去，此後有未來，因爲她看到了。我勸她最好不要使用這種能力，用多了就可能變成靈媒一樣，對自己對別人沒有多大益處。我也鼓勵她學習佛法，用佛法的知見來看待它，漸漸把這種能力淡化，不用它、不理它。

在我的皈依弟子中，也有一些人有類似的能力，即所謂第三眼，我都勸他們不要用、不理它，慢慢地這種異能就淡化了。

一般有第三眼或第六感的人，很自然會相信生命的輪迴，但有這種異能的人畢竟是少數。大多數人只有依靠宗教信仰，才能相信有過去和未來。這就是對生死最好的準備，也可以在現在生的生命過程中，得到吉凶禍福的平衡點。九二一大地震，頃刻間家破人亡，受難者內心的哀傷、震驚，豈是旁人三言兩語就能撫平？但是，如果他們有宗教信仰，相信有過去和未來，那麼即使他們一時間無法接受痛苦的事實，但在心理上還會存有安慰和希望。

因為從佛教的教理中，他們會逐漸體會出世間無常、國土危脆、四大苦空、五蘊無我、生滅變異的道理；對於生命驟然間的消逝，也就會慢慢釋懷，走出悲傷的情境。而且因為相信生命三世相續不斷，所以親人雖然過世，但不是就這樣消失，而是另一個新生命的開始，或轉生天上、佛國，或者轉世再來做人。這樣的信念，能讓受難者的心靈得到很大的慰藉與支持，有足夠的勇氣繼續完成生命的旅程。

問：根據學者的研究，臺灣民眾對死亡的聯想都是非常負面。我曾經看過一篇學者的研究報告，她致力研究青少年、兒童對死亡的認知長達十年。她在多次的調查中發現，臺灣青少年一提到死亡，就聯想到陰森、恐怖、地獄、害怕、孤獨等非常負面的情緒。這種想法與國外（主要是美國）同年齡的孩子相比，顯然偏於陰暗。雖然她研究的對象主要是青少年，其實大人對死亡的想法也差不多。

為什麼臺灣的人會特別怕死呢？

答：這與漢文化對死亡的描述有關。在我們幾千年的傳統觀念傳述，人死後都會變成鬼，都要赴陰曹地府受閻羅王審判。中國人又相信，橫死的人會變成厲鬼，無人祭祀的亡者就變成孤魂野鬼。這些都只是民間傳說，與佛教無關。

從統治者的角度來看，中國三千年來大部分時間是一統的，幅員遼闊，管理上十分困難。執政者往往善用民間通俗文化，藉戲曲、彈唱、說書、傳說等方式推行忠孝節義思想，勸民眾向善泯惡，這種作法有穩定社會的作用。相對地，也帶來負面的影響，讓一般人一想到死亡，就浮現恐怖的牛頭馬面或悽慘的酷刑等影像，因而人人害怕死亡，避之唯恐不及。

發願往生佛國淨土

然而，根據佛教經典的記載，譬如《地藏菩薩本願經》中所說的地獄，是犯下五逆十惡重罪的人，死後因業力所感而去的地方；而生前貪婪、慳吝又殺生的人，死後才會墮入餓鬼道，變成腹大如鼓、頸細如絲，永遠吃不飽的餓鬼。所以，生前犯下大奸大惡罪行的人，死後才會下地獄變成鬼，或到地獄受苦；一般常人死後，是不會去地獄的。佛教只有多財福德鬼、少財普通鬼、無財的餓鬼，沒有提及「厲鬼」，只有孤獨偏遠地獄，而沒有「孤魂野鬼」的說法。

相對於中國這樣對死亡不健康的想像，西方人顯得理性很多，因為在他們的觀念中，死亡沒有陰暗、恐怖的景象，而是一些光明、快樂的未來。

西方的基督教認為，人只要信仰上帝就可以上升天國。即使生前不信，臨終時懺悔、受洗成為基督徒，教友為他禱告，那麼他依然可以上達天國，因為上帝愛世人。只有那些犯下重罪，又不肯認罪、不肯信主的人，才會遭天譴打入煉獄。這種信仰，賜給臨終者非常光明的希望和安慰。同時，基督教也說，為國家、社會，以及為主的愛而遇難死亡的人，都會上升天國；但中國人往往把這些不是壽終正寢而死的亡者稱為夭亡、橫死，死後化為厲鬼、孤魂。兩者差別實在太大。

從這幾個層面觀察中華文化，特別是民俗文化這部分，的確對死亡的描述過於陰暗、恐怖、不健康。我們應該用正確的宗教信仰來扭轉、沖淡這負面的觀點。

佛教稱死亡為「往生」，言簡意賅地指出死後是有未來的。往生到哪裡呢？所有大乘佛教徒都願往生佛國淨土、西方極樂世界。如果不想往生他方淨土，那麼發願再回人間行菩薩道，也是很好的。因此面對死亡時，佛教徒不但沒有恐懼，反而歡喜以待，這樣的意義非常深遠，有很大的安定力量。

問：聽法師這樣開示，好像死後我們還有選擇權，而非隨著果報到該去的地方？

答：這中間是有緩衝空間的。一個人就算犯下再重的罪，只要能發心懺悔，誓願往生佛國，便可帶業往生淨土；若願再來人間行菩薩道，再生之後，當然會面對許多的果報；但只要堅定那顆懺悔的悲願心，也能一邊受報一邊修行，必定有所成就。

問：如果生前沒發這種悲願、懺悔心，死後發願來得及嗎？

答：恐怕來不及，而且旁人無法替當事者發悲願心。超度對亡者雖然有益，不過力量有限。所以，如果生前做了一些讓自己後悔的壞事，應該及時回頭，發心懺悔。

問：法師剛才說明地獄不是普通人死亡的去處，這是否意味「閻羅王」也不是人死後的審判長，拿著生死簿計算、總結每一位亡者的好、壞作為？

答：對，閻羅王不一定是判生判死的神明。

在佛教，出現兩個閻羅，一位是在欲界耶摩天的閻羅，這是印度佛教的說法；另一位是在地府的閻羅天子，他發願到地獄度生，並非民間神話裡的十殿閻羅。中國對於十殿閻王的記載，其實是在唐宋以後才慢慢出現的神話與傳說。

依據佛教經義，人死後等待受生的階段叫「中陰身」。一般而言，大約維持四十九天，在這四十九天之間，依亡者生前（包括前世）的業緣，看什麼樣的緣先成熟，亡靈就被這個業力牽引。如果亡者生前發了悲心大願，信心堅定，死後就不會隨業流墮，可以往生佛國或再回到人世行菩薩道，這要看亡者的發願而定。

因此，如果生前發了大願，死後便隨願力而行；但若生前茫茫然，不知未來何去何從，那就只好被業力牽引。要爲自己未來的生、死做好準備，一定先要發願，而且是善的、慈悲的大願。

問：法師說中陰身這個階段約四十九天，過了四十九天之後呢？

答：過了四十九天還沒有轉生，就自然成了靈體，不是到地府，也不必然成爲餓鬼，而是飄浮在空間，或者是依草附木的幽靈。佛教對亡者的超薦，主要是超度中陰身，所以人死後四十九天內，親友對亡者所做的佛事效力比較大，一旦過了這期間，如果已經轉生他道，功能就比較低了。

中陰身之所以尚未轉生而成爲靈體，有的是因爲放不下心中的怨憎愛欲；有的是因爲因緣還沒有成熟，等不到「緣」來接應；有的則是因緣觸動，他們反而會寄生於土地公廟，或一般神社廟宮中顯靈，「幫忙」前來祈禱的眾生。但是，只要繼續爲他們超薦、說法，他們很快也會放下心結去轉生。所以，附靈在同一座土地廟或其他神廟的靈體，常常是「換班」

的幽靈，不會一直是同一個靈體。

嚴格來說，這些靈體是中性的，不善不惡，可善可惡，介乎神鬼之間；顯靈助人的稱爲神，作祟害人的稱作鬼。

無論東、西方，自古至今都有人運用這些靈體的力量爲人治病、算命、卜卦、驅魔，古代稱這些人是巫師，現代人說他們是靈媒。對佛教徒而言，知道他們存在則可，不必接近，更毋須恐懼。

問：如果人類目前所生存的地球、所探尋的宇宙，都脫離不了「成住壞空」，那麼天堂、地獄也有「成住壞空」嗎？

答：有的，佛教認爲我們這個無垠的宇宙叫「三界」，包括欲界、色界和無色界。人類所生存的地球就在欲界內，另外還有天、修羅、鬼、畜、地獄，也在欲界；色界是禪定者居住的地方，是心的世界，在這裡沒有任何的物質存在，只有「心」的活動；而在無色界，連「心」的活動都沒有了，只剩一個無限、永恆的我。在無色界裡，雖然已經無色、無想，但仍執著一個永恆無限的「我」，所以並不是體悟無我的佛菩薩的居所。

佛經云：「三界如火宅。」，表示三界組成的宇宙，隨時有發生災難的機率。在三界中有三小災和三大災，三小災是刀兵災、饑饉災、疫癘災；三大災是火、水、風災。三小災橫行時，人類還可以生存，但發生三大災時，會將三界全部毀滅，寄居於三界的一切眾生，包括欲界的人類以及天堂、地獄裡的眾生，還有色界、無色界的眾生，將全部轉到他方世界而重新開始。

第六章

死亡的準備工夫

人一出世，即與死亡連在一起。若能及早認清有生就有死的必然因果關係，就比較容易克服死亡的恐懼，坦然地接受死亡。

問：法師曾開示，相信有永遠的過去、永遠的未來，就是對「死」最好的準備。

除此之外，能否請法師再進一步開示，人可以為生命的終點，事前做些什麼準備？

死亡的規畫與準備

答：處理身後事，的確需要一番工夫，遺產、喪葬儀式，乃至債務的清償等，但是我認爲生前做好對死的心理準備還是很重要的。

中國傳統的農村社會，年過五十歲的人都會開始爲身後大事做準備，譬如買好壽衣、壽棺和壽穴，這就是不想麻煩別人，並且還會未雨綢繆，爲自己留一點棺材本。這種坦然面對死亡的態度非常健康，也非常值得現代人學習。因爲臨終者並不認爲死亡是悲慘的事，而下一代也不覺得長輩壽終不可忍受，大家都可以用理性、平靜的心情迎接必然來到的一天。

更深一層看，由於年過半百者預計自己將死，就會更積極去完成未了的心願，或爲子孫積德造福；而子女也會自我警惕，把握時間行孝，以免有「子欲養而親不在」的遺憾。

時代演進到二十一世紀，人類平均壽命雖然延長，但對死亡的準備，反而不比農業社會那麼坦然自如。隨著醫藥科技的突飛猛進，大眾似乎普遍預期「人定勝天」，對於任何時刻都可能降臨的死神，失去隨時面對的心理準備，以致當來臨時，張皇失措而不能接受命終的事實。

表面看來，現代人受到較好的保護，壽命也延長了，但是死亡的機率其實並沒有降低。譬如，現代人死於天災的人口也許減少；但相對的，人禍方面的死亡機率卻增加了。譬如，交通意外事故、職業傷害，以及因環境汙染、過度開發破壞自然環境而死傷的案件，也是農業社會所少見。

科技時代的生活型態，降低了一般人對死亡的預期和準備。由迎接新生命這件事就充分反映這樣的心態。現代父母都是到醫院生產，原因不外乎在醫院比較安全，萬一發生狀況，可以立刻受到最好的醫療救援。但是先進的醫療技術、設備，是否眞的能夠保證一定平安無事？好像到目前爲止還不能吧！

從另一角度來看，醫院的功能是雙重的，一方面接受生，另方面也送亡。事實上，每個新生命在孕育、出生的過程中，都時時面臨病與死的挑戰，更貼近地說，人一出世，即與死亡連在一起。若能及早認清有生就有死的必然因果關係，就比較容易克服死亡的恐懼，坦然地接受死亡。

曾幾何時，社會興起「生涯規畫」的浪潮，由這股浪潮衍生出許多炙手可熱的學說、理論，包括第二專長的培養、性向測定、人格認知、人際關係處理、時間管理、開創人生第二春，甚至理財等等。這些知識的確可以幫助許多人適應或掌握變動不已的新時代，但可惜的是，極少人在談生涯規畫時，納入「死亡規畫」的概念。

反觀西方人，他們卻常在年輕時就已寫好遺囑，日後再視主客觀條件的改變予以修正。雖然臺灣社會目前願意在身強力壯時，購買保險的人口逐年增加，未雨綢繆的觀念比以前濃厚；但願意在花樣年華爲自己規畫身後事的人，好像並不常見。我建議大家在生命的任何階段都應該思考死亡的問題，以免當「意外」發生時，令親友既悲傷又慌亂。

其實，死亡規畫既無須忌諱，也不複雜，主要包括遺體處理（安葬儀式）、遺產及債務處理，這是對自己及別人盡最後責任的具體表現。這些事情沒有交代清楚的後遺症時有所聞，例如子女彼此信仰不同，爲了父母該如何舉行喪儀、安葬，吵得不可開交。更有人爲了爭遺產，妻子、兒女互控，因而鬧上法庭，這些事情對亡者及生者，都不平安。

曾經有一位姓唐的新儒家學者，他自己主張以儒家的「死，葬之以禮，祭之以禮」的方式來辦理個人的身後事。但是他母親過世時，他反而猶豫了，因爲他覺得儒家儀式並不是他母親所需要的。後來，他思索母親生前習性較傾向佛教，於是採用佛教儀式爲母親舉行喪儀。有趣的是，他自己往生時，也採用佛教儀式。

一個人生前有宗教信仰，他的後事比較容易處理，子孫只要依從他的信仰即可；如果沒有宗教信仰，那麼遺族最好效法唐先生，站在亡者立場多加考慮。

四個真實案例

接下來，我講一些真實的例子，這些故事中的主人翁在處理遺產，以及面對和準備死亡的態度，對社會上許多人應會有些啓發和助益。

有一位老太太，先生過世時留下大筆遺產，老太太的兒女很孝順，於是她把所有家產全數分給眾子女，有孝心的孩子安慰她，請她輪流住在兒女家。

兩年後她來見我，心裡很痛苦，她說孩子本來都很歡迎她；漸漸地，她覺得事情愈來愈令她不愉快。逢年過節，三個兒子都請她到其他兄弟家，就是不願意留她在自己家裡過節。兒子的房子很大，老太太卻都住在客廳裡，沒有給她自己的房間，因爲兒子認爲老太太只是偶爾小住一下，在寸土寸金的城市裡爲她留房間是一大負擔。不過，這種處境讓老太太很不方便，很沒有安全感。

後來，我問她的兒子，爲什麼「不要」母親了呢？她的孩子回答說，阿彌陀佛，不是他們不要母親，是母親意見很多，老是嘀咕，使得一家大小不得安寧。

最後我請老太太住在寺院裡，她謙稱自己已身無長物，無法供養佛寺，只好由孩子安排住進養老院。

另外一位老太太，在處理相同情境時，就顯得有智慧多了，這位老太太在先生死後，並沒有將遺產悉數分給兒女。她把遺產分成四等份，一份讓兒女一起分，另一份給丈夫生前的所有員工，第三份用於投資生息孳財，最後一份放在身邊，做爲生活所需的開支。而且，她也不跟孩子們一起住，自己和幫傭住老家，沒有家累牽絆，過得自由自在。

每逢佳節，兒孫回老家與她齊聚團圓，她一定發給每個人一個大紅包，兒子、媳婦、孫子統統有，皆大歡喜。即使平日，兒孫們也經常噓寒問暖，看看老人家是否有何需要，一直到她過世，這個家族都維持圓滿和樂的關係。而她的幾個孩子爲她料理身後事也很盡心，布施、做佛事，一一行事如儀。我想，這位老太太仍擁有兩份財產，可能是個不小的誘因。這倒不是說她的孩子只爲貪錢才行孝，關鍵在於人到晚年，最好學會打理自己，不要心存仰賴子女的念頭。

當然，社會上不是每個人都能有一筆遺產以供晚年之用，如果自己沒有什麼積蓄，就要廣結善緣。

農禪寺過去有位男信眾，他沒有什麼錢，但是幾乎每天到寺裡做義工，幫忙做一些小件的木工，也參加助念團爲臨終者助念。他往生後，我們以僧團行者（發心出家，住在寺裡學習出家人的修行生活，準備因緣成熟時落髮的在家居士）的儀禮，爲他安排後事，許多信眾及他生前的朋友也一同爲他助念。這恐怕比他滿堂兒孫都要做得好，也比一些雖然富有，卻少結人緣的人要圓滿一些。

所以，擁有財富還得有智慧去運用，但如果沒有萬貫家財，就需懂得廣結善緣，這點很重要。這位男居士不但安心地迎接死亡，更將餘年奉獻給宗教，像這樣願意付出的人，能從容地面對死亡，他不但生前做事利人，而且這樣的死亡態度也對後人有益。因爲臨終者能夠不驚不怖走向人生的盡頭，這種平和的情緒也感染了周遭的親友，使他們不至於陷入悲傷的情境中。

另有一個妙例，這是我的弟子果肇法師和她母親的故事。果肇法師的父親去世得很早，姊弟也都各自嫁娶，果肇法師出家前一直與母親同住，長達十七年。母女兩人相依爲命，感情非常深厚。當果肇法師提出想出家修行時，老菩薩沒有攔阻，這種豁達、灑脫的氣概眞是少見。

果肇法師到農禪寺後，老菩薩就到農禪寺廚房當義工，參加寺裡的各項修行活動，週六念佛共修，每年二次的佛七老菩薩都很少缺席。直到她往生時，一共參加十三次佛七。七十幾歲的老菩薩一向不服老，在禪七、禪三、禪一的禪堂中，也經常看到她的身影，非常精進。她爲人風趣，人緣極好，大家都稱她爲「古錐菩薩」。

在她去世的那年元月（一九九八年，老菩薩七十六歲），我剛從美國回臺，在寺中遇見老菩薩，我見她走路的樣子，直覺她身體不適，就問她：「身體好嘸？」

老菩薩翹起大拇指說：「蓋勇啦！」

其實，在寺院掛單那幾天，她身體已經很不舒服，但都不願意讓果肇法師知道她的狀況已有點嚴重。環保日的前兩天，她的健康狀況已經很差，但因爲已經答應北投區的菩薩們包粽子、蒸蘿蔔糕，於是硬撐著身子在園遊會的前一晚包好上千粒粽子。當天清晨三點不到，她就起床蒸熟粽子，並送到立農公園將攤位擺設好，才請果肇法師送她到臺北長庚醫院看病。當天晚上，情況惡化，轉至林口長庚醫院急救。

之後，老菩薩昏迷了六天，果肇法師時而提醒老菩薩，平日的念佛工夫這時候要用上。這段期間她若是清醒，就會念佛或持〈大悲咒〉，來提起往生佛國的正念。由於她打過十多次佛七以及每週六參加念佛共修的經驗，非常熟悉佛號的節奏，所以經常用手拍打床沿做木魚聲響，用念佛來抵抗病痛及昏沉。

第六天，她顯得有點煩躁並想回家。果肇法師請果東法師爲她開示，果東法師要她把心放下，拿出平日的豪爽氣概來面對當前最重要的一刻，萬緣放下後，大約過了半小時，她就安詳地往生了。

據果肇法師說，老菩薩在病中，因手腕打點滴，鼻孔、嘴巴都插上許多管子，身體僵硬、臉色蒼白。往生後，在法鼓山的法師及蓮友們的助念下，協助老菩薩提起正念；更衣時，老菩薩的身體變得柔軟，臉上泛著紅潤。她平時睡覺會打鼾，嘴巴是張開的；但往生時，眼、口都闔上，嘴角還帶著笑意。

老菩薩往生後的第二天早晨，我向我的出家弟子們說過這樣一段話：這位老人家比我們出家眾還多一點道心，雖然有病在身，卻還是那麼鎮定、精進，還在爲義工的工作發心。老菩薩並不認爲自己病情不輕，就可因此好好了生死、好好一心不亂地念佛，她反而依舊奉獻，直到最後。

有些人害了病，就躺在床上養病（特別是老人家），這時，他們的心情容易陷入低潮，難免哀聲嘆氣；甚至把兒孫、親友、照顧他的人，都一一埋怨一番，煩惱極重。就是出家眾也不能說百分之百不起如此的無明（因愚癡而生的煩惱），於是或者抱怨僧團很「冷血」，或者抱怨師兄弟沒情義。能像果肇法師的老菩薩這樣往生，眞是有福報，說明她煩惱少，放得下，走得多麼清爽。這不但對社會大眾有啓示，就連我們出家眾也可以從中學習。

最後要談的例子是一位女信眾，如何善用她生命最後的兩、三天，讓自己的生命圓滿結束。

這位女菩薩在她先生過世後曾告訴我，將來她死後不打算把遺產留給自己的獨生女，而是想捐給我。我勸她，我們兩人年齡相仿，誰先去西方尚是未知數，說不定我先走一步，把財產捐給我不是好辦法。於是她決定將遺產捐給法鼓山。我說，那就對了。法鼓山是十方的道場，透過道場來行布施，利益眾生，這樣的功德就大多了。我本來沒有預計事情會來得這麼快，但它眞的說來就來。

隔沒多久，我人在美國，接到她的電話，說她自己快死了，我很驚訝，安慰她不要胡思亂想。但她說：

「師父，我現在在榮民總醫院，吐血不止，我快死了。」

「怎麼會？妳的聲音聽起來好好的。」

「醫生也說我快死了，我要請假出院。」

「既然病得這麼重，怎麼還要出院？」

「我要出院辦理財產過戶，請師父指派法師跟我去辦手續。」

於是我交代管理寺裡財務的兩位弟子，陪同去辦理。這位女菩薩忙了一整天，看起來身體還不錯，與她同行的兩位法師不相信她是個即將壽終的病人。事情辦妥後，她銷假回到醫院，第二天就往生了。

事後，我們也依「行者」的身分為她安葬，她的遺族也欣然接受她對身後事的安排。後來，法鼓山用她的不動產成立佛教教育推廣中心，又以她留下來的動產設立永久紀念獎學金。

這樣面對生命終結的態度既莊嚴又安詳。

問：法師剛剛開示的是關於平常的心理準備，那麼到了臨終前非常短暫的幾天或片刻，臨終者和親友又能做些什麼呢？

放下與助念

答：臨終時，如果意識依然清晰，這時應該將生者的種種事務完全放下，不要再爲他們牽腸掛肚，平添彼此的煩惱。

站在宗教的立場，鼓勵臨終者念佛並爲他們助念是一件極有功德的大事。對已喪失意識的臨終者而言，他雖然不能言語，但內心還可以感受到外界的訊息，特別是對親人的感應力很強，所以助念者的誠心仍然可以傳達給他們。

助念，就是以柔和的聲音、慈悲的心、堅定的信念，在亡者身旁誦念阿彌陀佛的聖號。

助念的意義有四種：第一，是個人對個人、家庭對家庭的互助，把喪家的無依、無奈轉化爲互助的支持系統。法鼓山在一九九三年成立了助念團，我曾對助念團的團員說，助念之後，大多數喪家會致贈「紅包」做爲回饋。但我們絕對不能收錢，而是要收「人」。因爲喪親者請人助念，他們一定知道助念的利益，而且也承受了這樣的利益。既然如此，就應加入助念團，進而幫助他人。這就是互助精神的發揚。

第二，幫助亡者往生西方極樂世界。親友及旁人助念可以使臨終者的神識也跟著念佛，得蒙西方三聖（阿彌陀佛、大勢至菩薩、觀世音菩薩）的接引。即使亡者因自身福慧不夠深厚，或因緣不成熟、意願不懇切，不能往生西方佛國，但也一定能到較好的去處。

第三，協助亡者家屬安定身心。由於沉緩的佛號聲具有安定力量，可以降低悲傷和恐懼的複雜情緒。

最後，助念也等於是助念者自身的一種修行方法，也有弘法的功德。助念的經驗愈多，愈能堅定往生西方的信心，自己如果也能念到一心不亂，功德就非常圓滿了。

活著的時候如果有念佛的習慣，且往生西方的意願強烈，這又比平常不念佛，臨終請人助念要穩當得多。所以，還是應該平常做準備，以免「臨時抱佛腳」，亂了方寸。

問：念佛號就是請亡者前往西方淨土嗎？中國各宗派的佛教徒也都以西方極樂世界為最後的去處嗎？

答：中國大部分的佛教各宗派大都如此發願，只有禪宗或南亞的佛教徒例外。如果不去西方，還可以去別的佛國，或轉世再來人間修行、弘法，都是很好的。

對於一般大眾而言，平日或臨終前，發願往生阿彌陀佛的西方極樂世界是最好的歸宿。許多沒有宗教信仰的人，平常沒想過死後要到哪裡，也無所謂到哪裡，如果遺族能爲他做大佛事、大布施，他還是有機會往生西方。因爲人死後難免徬徨無依，喪親家屬不管是拜懺、誦經、持咒，都是給亡者指引一個方向，告訴他「由此去」（往西方）就能離苦得樂，而亡靈通常都會接受指引，因爲他也不知道能去哪裡。如果生前無定見，死後也無人爲他修法指引，而且既非大善人（轉生天道），也非大惡人（下墮地獄），那麼這樣的亡者通常會再生於人世間。

問：西方極樂世界那麼容易去嗎？不是只有修行到一定程度的人才能前往嗎？

答：（微笑）很多人都以爲佛國非常遙遠，坐火箭也到不了，其實只要一念相應就到了，所以佛經云：「屈伸臂頃到蓮池。」意思是：只要信心堅定，人與佛土的距離，只要屈、伸手臂一次的時間就可以到達。這都還算慢，其實一個念頭與佛相應，就可以到達了。

再者，佛教認爲各個宗教都有自己的天堂，信心堅定的信徒，都可以往生自己宗教的天國。從這個角度看，對臨終者而言，是否具宗教信仰，其間的差別很大的。

第七章

最後的旅程

如果遺族能用祈福、虔誠的心來做佛事，那麼相信亡靈會感受到與親人心靈契合的安慰，讓他往生佛國。

問：一個人一生總會參加幾次的喪禮，許多人對葬禮的儀式多半知其然而不知其所以然，只能跟著走來走去、行禮如儀，而不明白這些儀式的真正意義。請問法師，佛化的喪禮和民間一般的祭奠儀式有何異同？對亡者所做佛事的真諦為何？

經懺佛事的真諦

答：民間一般的葬儀，基本上是以擬人化的假設來處理，譬如，如果客死異鄉就要召魂，怕亡者認不得路回家，變成無主孤魂。

又譬如，中國人自漢唐以後，開始有燒冥紙的風俗，後來紙錢愈燒愈現代化、國際化，不但有臺幣、美鈔，還演變成紮紙人、轎車、輪船、飛機、洋房、電冰箱、電視機等。在菲律賓首都馬尼拉的華僑富商，他們所修建的祖墳大而豪華，一如真正的別墅。這些都是把亡者當活人看待，怕他們到地府後無錢花用、無人伺候。

佛教沒有這種作法。人死而未轉世之前的中陰身，不受空間阻隔，親友一念至誠，他就回來了，根本毋須召喚，更用不著轎車，或隨身攜帶現鈔、信用卡等。

民間習俗一些送亡的儀式，也有不讓亡者到地府受苦的用意。譬如，過去在大陸，對男性亡者要做「過渡橋」、「破地獄」的法事，對女性亡者則有「破血湖」的儀規。

這種儀式在佛教中也是毫無根據。佛教認爲人死後只有六分之一的機會會投生鬼道（所謂六道輪迴是天、人、阿修羅、畜生、餓鬼、地獄），不是每個人斷氣之後都要到地府走一趟。既然如此，亡者親眷何不假設過世的親人是生天、再轉世爲人，何必一定認爲他們死後到地府去了呢？

至於佛化葬禮，有一套嚴密的思考，一般人不太了解，以爲佛教中有專門爲死者設計的「法力」咒語，可以有「神力」救拔亡靈，這是只知佛事利益的皮毛，未明其深意。

佛教認爲人過世之後，由四種原則決定他的去處，一是隨重往生。隨他生前所做善惡諸業中最重大的，先去受報；二是隨習往生，隨著他平日最難革除的習氣，而到同類相引的環境中去投生；三是隨念往生，隨亡者命終時的心願所歸，善念則轉生人間、天上，惡念則轉生三惡道中；第四隨願往生，發願學佛則往生佛國淨土，或轉生人間繼續修行。

從這四個原則我們不難看出，對一位即將壽終或已經往生的人而言，隨重、隨習的原則是沒有辦法改變了，唯一還有努力空間的就是爲他做佛事，影響他最後的心念，進而有較好的歸宿。嚴格來講，這是一種補救的方法，勸他在這個時候萬念放下，一心向佛，並非根本。若想善生善終乃至得大解脫，平常所下的工夫，是比較可靠的。

大致上，佛化喪禮有很多種，分別爲誦經、拜懺和放焰口等。

誦經的由來，源自釋迦牟尼佛時代，當時尚未有印刷術，也沒有手抄本流通，所以要學習佛法必須口口相傳，努力熟誦經章。演變到後來，誦經便成了學習佛法、宣揚佛法的基本方法。誦經有兩個作用：一是弘法；一是把經章的內容要義當成一面鏡子，用以檢束、警惕自己身、口、意的行爲。

拜懺，是禮佛懺悔。對佛懺悔並不是求佛赦罪，而是向佛坦白自己所做的罪業，並且立志不再故意作惡，求佛爲此誓願證明。至於放焰口的主要對象，是餓鬼道的餓鬼，以持咒及說法的方式，將供物化成甘露法食，讓餓鬼得以精神飽餐，並勸他們放下內心的執著，皈依三寶，受戒脫苦。

事實上，這些佛事不是專爲喪禮設計，在結婚、祝壽、行商、生產時，都可以誦經、拜懺，都有不可思議的功德和助益。

問：佛教經典繁多，經懺種類也很多，如何為亡者做最適當的選擇？

答：目前臺灣最通行、最適用的有《華嚴經》、《法華經》、《地藏菩薩本願經》、《藥師琉璃光如來本願經》、《金剛般若波羅蜜經》、《佛說阿彌陀經》、《心經》等。至於拜懺的法門，則有「梁皇懺」、「三昧水懺」、「大悲懺」、「彌陀懺」、「藥師懺」、「千佛懺」等。

不管修哪一部經、哪一套懺，都是修行，有修行就有功德。喪家若想使亡者受益，一部經懺可以修一天，或修好幾天，端看各自的時間和財力而定。

不管是在生前或死後做經懺佛事，有一些觀念一定要釐清。我們誦經、禮拜佛菩薩、懺悔，其實是一種布施，不見得有特定對象；在誦讀經文、禮拜時，有緣的六道眾生都可以一起參與佛事，讓他們有機會聽聞佛法、學佛及懺悔過錯。正因爲有布施的功德，亡者才能受惠。

這與古代大饑荒時放賑的道理一樣，施賑者的慈悲心、誠意是關鍵，至於用乾飯、用稀飯就不要緊了。從字義上看，「水懺」是對死於水中的亡者而做，「梁皇懺」的起源爲梁武帝爲其皇后祈福超度。事實上，選用任何經、懺，其間的分別並不大，信心、誠意堅固與否，才是導致差異的要因。

其次，絕大多數的經懺都由僧眾主持，但整個佛事的重心應該是亡者的家屬。佛教認爲亡靈的感應能力非常強，相當於生前的七倍，親屬的心念對亡者影響很大，不要以爲只有出家人爲亡者誦經才有用。所以，如果親人亡故，家屬之間不能和睦，反而爲處理後事的方式，甚至遺產分配爭吵不休，這將帶給亡靈極大的不安和煩惱，妨礙亡者往生善處。相反地，若遺族誠心爲亡者做佛事，親自參與，將爲亡靈帶來莫大的安慰和利益。因此，若不能請出家眾主持佛事，家屬在家自己用簡單的方式誦經、拜懺，也很好。

理想的佛化葬儀

問：法師自小出家為沙彌，就常為亡者做經懺佛事。

而法師在四十年前寫了一篇〈論經懺佛事及其利弊得失〉，其中有段話：「佛事總是要做的，不過，理想的佛事，絕不是買賣，應該是修持方法的實踐指導與請求指導，因為僧眾的責任，是在積極的化導，而不是消極的以經懺謀生。」

從這段話可以感受到法師對超薦之事頗有感觸，這段話是針對僧眾及寺廟有感而發，一般人應對喪葬之事抱持什麼態度呢？

答：我年少時爲喪家做超薦之事，由於當時的喪葬風氣不佳，長年下來，我感觸良多而且深受其苦。

當時，傳統佛教喪葬佛事近似民間的葬儀，噪音很大。基本上，喪家請出家人做佛事的目的，一是爲了伴屍，因爲當時殯儀館的服務並未普及，所以遺體缺少人陪伴。二是爲了面子，怕親友在背後罵他們不孝，所以請和尚、道士誦經。但做佛事時，遺族多半不在場，各忙各的。有些齋主（遺族）頂多在儀式開始時上支香，爲亡者放牌位時再拜幾拜，如此而已，非常形式化。

像這樣的喪禮，由於遺族沒有用心參加佛事，便無法與亡者心靈交會，對他的助益就很有限。更不用說民間所採的葬儀，鑼鼓喧天，用擴音器播出哭聲，花圈、輓聯成行，這種看似熱鬧的場面，恐怕不是爲了亡者的尊嚴，而是爲了遺族的面子。如果遺族能用祈福、虔誠的心來做佛事，那麼相信亡靈會感受到與親人心靈契合的安慰，讓他往生佛國。

我深感葬禮風氣亟需提昇，於是經過研究改良，安排了一種簡樸又莊嚴、安定、祥和，也非常環保的佛化葬禮，沒有噪音、花圈、紙屋、紙車。做佛事時，遺族需在場等等，這一套儀式後來受到社會大眾的肯定，也相繼運用、推廣，希望這種對死者尊敬慰勉的態度，能蔚為風氣。

問：法鼓山所提倡的喪禮，會要求喪家在四十九天內吃素嗎？

答：最好如此，但不勉強。我的故鄉以前有個很好的習俗，在辦喪事期間，請遠親近鄰天天「吃豆腐」，也就是吃素；當時在貧窮的鄉間，豆腐是很好的素菜，所以鄉下話稱此為「吃豆腐」。遠親近鄰送一些微薄的奠儀，就可以去「吃豆腐」，菜色大多是四大碗，有海菜、青菜、蘿蔔、豆類食品等，整個喪事期間都如此。這是很好的民風，在大陸時，有很多地方跟我的家鄉一樣，臺灣則極少有人強調在服喪期間茹素。

其實在哀悼親人亡故時禁葷，是悲憫心的發揮，也是一項功德，因為親人喪生是令人哀傷的事。那麼，牲畜爲人而死，也是少了一條命，不也值得同情嗎？

因此，法鼓山鼓勵吃素，並不硬性規定信眾非吃素不可，但如果無法吃全素，最好也盡量少吃葷食。

問：做佛事時，可以放錄音帶代替嗎？

答：這要看狀況。當一個人尚未斷氣，神識仍在的時候，假如家人無法陪在他身旁念佛誦經，也請不到人助念時，放錄音帶是可以的，臨終者一樣可以聽受佛號和經義。一旦人已亡故後，要靠錄音帶超薦是不可能的，因爲錄音帶裡沒有用「心」，亡靈得不到感應。

火葬與器官捐贈

問：法師在《台灣，加油》這本書裡，建議當時九二一震災的家屬，用火葬的方式安葬罹難者遺體。這除了環保因素，是否還有宗教的理由？對一般人而言，火葬是否比較好呢？

答：中國人崇尚土葬，所謂「入土爲安」，而且也講究陰宅的風水。幾年前我到大陸探親時，曾見識到西安郊區秦陵附近一幅土葬奇景。那個地方是大眾公認的好穴，許多人想盡辦法把親人遺體葬在那裡，但土地有限，經年累月下來，發現後來者一層層地埋葬在先到者之上，像蓋了一片地底公寓一樣，眞是「地盡其利」了。

臺灣地小人稠，尚未時興蓋地下的墓葬公寓，火葬自然是比較合宜又環保的選擇。火葬的環保效益不只於節省土地資源，對水、空氣都有好處，因爲在大多數動物中，人的腐朽遺體是最臭的，而且屍體在土中腐化後，其物質滲入泥土或水中，也可能造成自然生態的汙染。採用火葬，遺體不僅沒有腐爛的問題，也不會汙染環境。

就宗教意義而言，亡靈若經過一段長時間，既未往生佛國，也未轉生他處，那麼亡靈經常會與遺體同在，以遺體或棺木爲自己的棲息處，流連不去。我們做大法會，如拜「梁皇懺」、放大焰口時，許多人（包括我在內）在放置牌位的地方，有時就會聞到濃濃的屍臭味，這證明許多亡靈的確來參加法會，而且連臭味道都帶來了。

如果遺體經過火化處理，就不會夾帶著氣味到處走。更深一層看，屍身火化成灰，亡靈比較容易正視死亡，也就不會那麼眷戀，比較可以放下而去轉生，這也是一種心靈環保，所以雖然人已過世，都還可以爲環保盡一份心力。

問：佛教主張人死後，不可以馬上移動、洗淨遺體；但是，各大醫院為了讓出病床給別的病人，不可能讓遺體原地停留太久，通常立刻淨身送冰櫃。另方面，目前許多醫界及公益團體紛紛倡導器官捐贈，如果堅持一、兩天甚至三天不能移動遺體，那麼是否死後就不能捐贈器官了？

答：佛教認爲人雖然已不能呼吸、沒有心跳，醫學上判定已經死亡，但他的神志可能還有感覺，如果斷氣之後立即挪動遺體，擔心亡者會感到不適，因而生起瞋怨心，這種念頭當然對亡者的往生有很大的影響，所以主張死後不要馬上搬動身體。法鼓山一般建議讓遺體要放置八至十二小時。

但是，除非在家中過世，否則很難做到這點，且要求未設有臨終關懷病房的醫院配合，似乎也有困難，這時就要看亡者有沒有心理準備。如果他生前已經明白會有這些程序，心理上可以接受，斷氣之後若遺體被移動，就比較不會起瞋心。此外，在必要時可爲亡者開示，請放下對身體的眷戀、執著，然後再搬動遺體。

同樣地，一個人如果生前已交代，在死後願意捐出有用的器官或塡寫器官捐贈卡，這也表示他心裡早有準備，所以即使死後有知覺，也會忍耐，因爲他出於自願，願意捨身助人，如此則是無礙的。

目前慈濟功德會也鼓勵大家加入大體捐贈（整具遺體捐作醫學、解剖用途）的行列，也表明佛教界是開明的，不會因爲「不得立即挪動遺體」的古訓，就反對器官捐贈。

國家圖書館出版品預行編目資料

歡喜看生死／聖嚴法師口述；李慧菊採訪整理.
-- 初版. -- 臺北市：法鼓文化,
2009.2；面； 公分. --（人間淨土；20）

ISBN 978-957-598-454-0（平裝）

1.生死關　2.人生觀　3.佛教教化法

220.113　　98000430

人間淨土 20

歡喜看生死

口述／聖嚴法師
採訪整理／李慧菊
出版／法鼓文化
總監／釋果賢
總編輯／陳重光
編輯／楊仁惠
封面設計／蕭雅慧
內頁美編／連紫吟、曹任華
地址／臺北市北投區公館路186號5樓
電話／(02)2893-4646　傳真／(02)2896-0731
網址／http://www.ddc.com.tw
E-mail／market@ddc.com.tw
讀者服務專線／(02)2896-1600
初版一刷／2009年2月
初版十四刷／2018年6月
建議售價／新臺幣180元
郵撥帳號／50013371
戶名／財團法人法鼓山文教基金會—法鼓文化
北美經銷處／紐約東初禪寺
Chan Meditation Center (New York, USA)
Tel／(718)592-6593　Fax／(718)592-0717

法鼓文化